CAPITAINE J. GASTON
10ᵉ BATAILLON DE CHASSEURS À PIED

Manuel d'Escrime
à la Baïonnette

DESCRIPTION DU FUSIL D'ASSAUT
Pour l'étude précise du double jeu et du corps à corps
MÉTHODE D'ENSEIGNEMENT

AVEC 8 FIGURES ET 17 PHOTOGRAPHIES

BERGER-LEVRAULT & Cie, ÉDITEURS

PARIS	NANCY
RUE DES BEAUX-ARTS, 5—7	RUE DES GLACIS, 18

1910
Droits de reproduction et de traduction réservés

Prix : 2 fr. 50

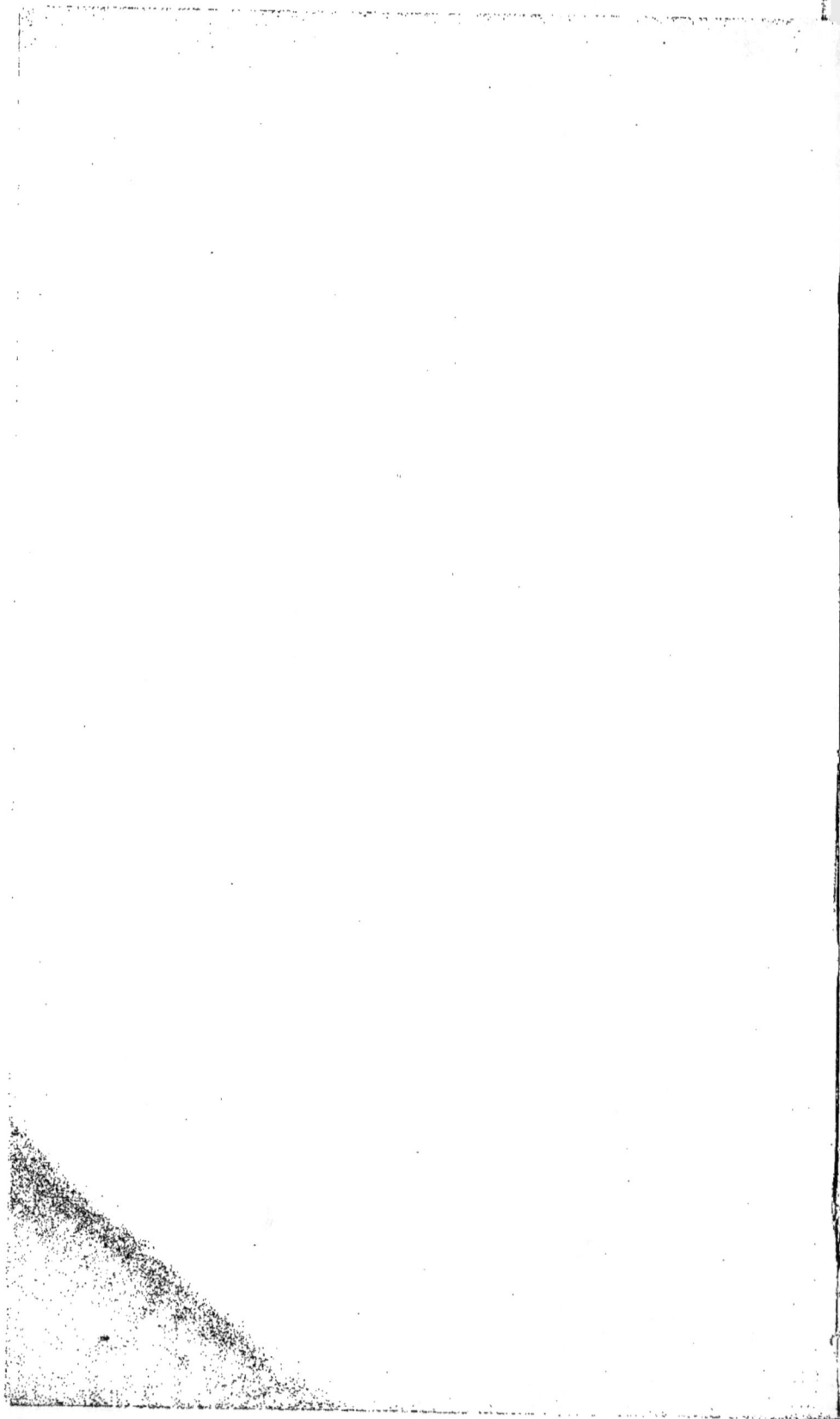

CAPITAINE J. GASTON

10e BATAILLON DE CHASSEURS A PIED

Manuel d'Escrime

à la Baïonnette

DESCRIPTION DU FUSIL D'ASSAUT

Pour l'étude précise du double jeu et du corps à corps

MÉTHODE D'ENSEIGNEMENT

AVEC 8 FIGURES ET 17 PHOTOGRAPHIES

BERGER-LEVRAULT & Cie, ÉDITEURS

PARIS | NANCY
RUE DES BEAUX-ARTS, 5--7 | RUE DES GLACIS, 18

1910

Droits de reproduction et de traduction réservés

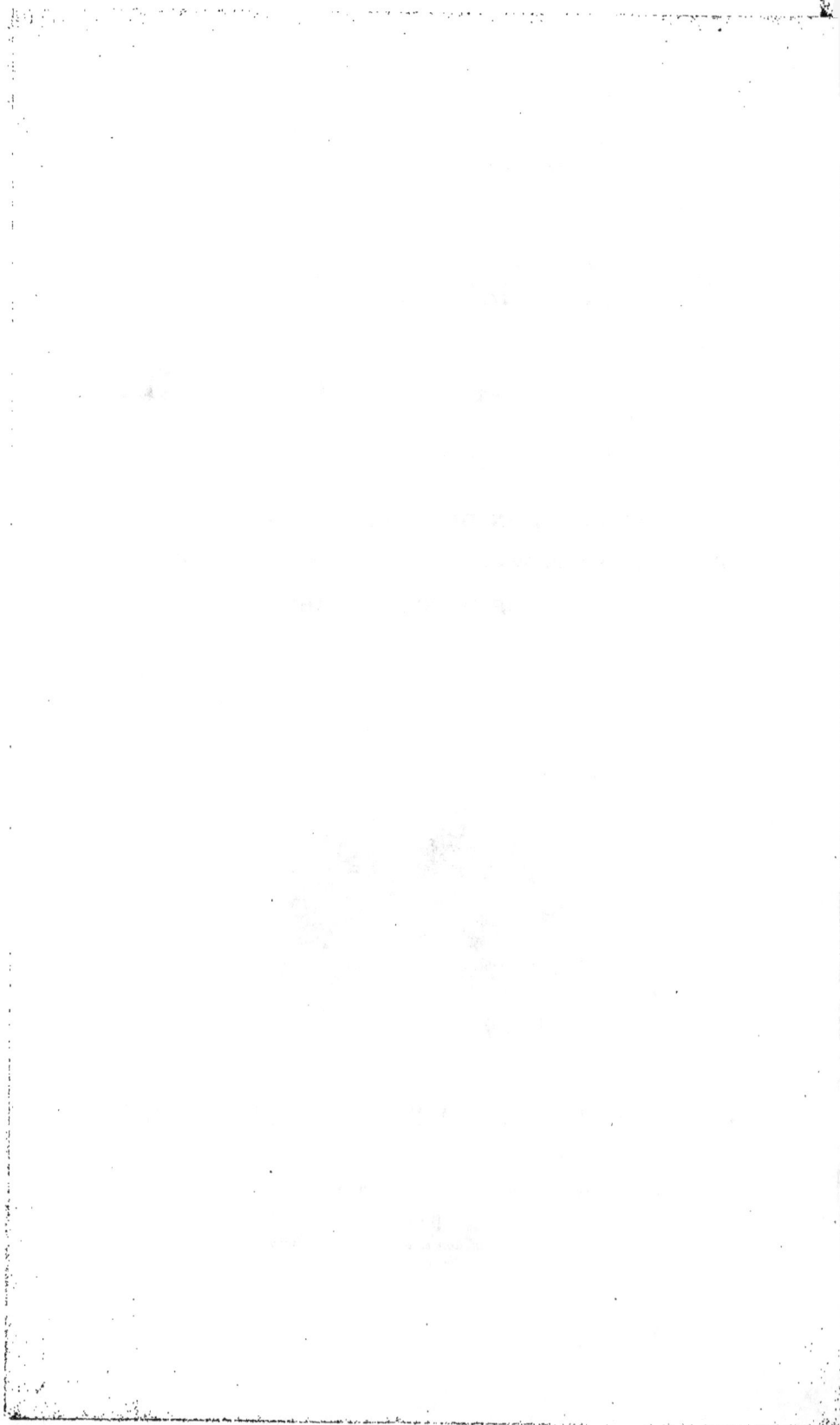

AVANT-PROPOS

La valeur prépondérante de l'arme blanche au combat est un fait indéniable et unanimement accepté à l'heure actuelle. La guerre russo-japonaise a fait ressortir l'impérieuse nécessité de donner à l'enseignement de l'escrime à la baïonnette le plus grand essor. Les armées étrangères mettent la leçon à profit ; nous constatons qu'elles cherchent à imprimer une impulsion nouvelle à cette branche de l'instruction.

La France se doit à son passé glorieux : autrefois terre privilégiée des joutes et des tournois, aujourd'hui encore rendez-vous international des escrimeurs, elle doit rester la première à l'arme blanche, qu'il s'agisse de fleuret, d'épée, de sabre ou de baïonnette.

Au cours de cette étude, nous porterons notre attention sur la manière dont l'enseignement de l'escrime à la baïonnette est donné dans les corps de troupe. Nous constaterons ainsi que l'instruction acquise par le soldat est tout à fait insuffisante et qu'elle ne répond pas aux nécessités du combat.

Nous établirons que le mécanisme des mouvements doit subir de notables modifications.

Nous étudierons le matériel utilisable.

Enfin nous essaierons de dresser une méthode rationnelle, précise et complète d'instruction pratique.

Telle est la tâche que nous nous efforcerons de remplir.

Nous nous sommes trouvé souvent en désaccord avec les auteurs qui ont traité la même matière. Nous pensons que les divergences d'opinion proviennent surtout des différences essentielles dans le matériel préconisé de part et d'autre.

L'accord entre nos prédécesseurs et nous est d'ailleurs parfait quand il s'agit de considérer le but à atteindre : relever l'enseignement de l'escrime à la baïonnette resté à l'état embryonnaire, augmenter les forces morales et l'habileté professionnelle de nos fantassins et de nos cavaliers.

Manuel d'Escrime
à la Baïonnette

PREMIÈRE PARTIE

MÉTHODE D'ENSEIGNEMENT ET MATÉRIEL A PRÉCONISER

Défauts inhérents à l'enseignement pratique actuel de l'escrime à la baïonnette

Le but que nous poursuivons, en faisant pratiquer à nos troupes l'escrime à la baïonnette, est de les préparer physiquement et moralement au futur combat individuel.

Lorsque nous considérons deux tireurs s'employant activement à faire assaut au fleuret ou à l'épée, nous avons l'impression du combat auquel ils se livreraient avec des pointes démouchetées. Lorsque nous suivons un assaut de boxe, de canne, nous nous faisons une idée des moyens d'attaque et de défense dont disposeraient les adversaires si la rencontre exigeait la mise hors de combat de l'un d'entre eux.

Nous reconnaîtrons volontiers que nous n'avons pas la

même impression lorsque nous opposons un mannequin inerte à la baïonnette d'un être vivant et agissant.

Nous nous rendons compte, *a priori*, que le matériel dont nous disposons ne répond en aucune façon aux nécessités de l'instruction.

Après avoir constaté que ce matériel est insuffisant, nous remarquerons qu'il n'est pas rationnel, et que le soldat ne peut retirer de l'enseignement actuel que des idées fausses.

Voyons, en effet, comment cette instruction est poussée.

Lorsque la recrue est affermie dans la position de la garde, et qu'elle exécute correctement les mouvements des bras et des jambes, le gradé l'invite à pointer sur un mannequin immobile ou oscillant. Elle s'acquitte généralement de cette tâche avec une louable énergie, et bientôt le gradé estime que son élève a acquis la notion de la distance et la précision nécessaires pour aller au combat.

Mais, en réalité, ni le gradé, ni la recrue ne sont convaincus de la perfection du travail accompli.

Ils savent tous deux que, le jour du combat, les choses ne se passeront pas de la même façon.

« Ce jour-là, pense l'homme, mon adversaire ne sera pas fait de paille et de bois; il défendra sa peau comme je défendrai la mienne; je n'irai pas à lui au petit bonheur, sans réflexion, ou bien j'aurais des chances de me faire enfiler ! »

Sans grande conviction, il répondra à l'officier, qui lui demandera quelle tactique il emploiera vis-à-vis d'un adversaire armé comme lui d'une baïonnette : « Je me débrouillerai, je taperai dans le tas ! »

La question se pose donc de savoir si le hasard joue un rôle prépondérant à l'assaut. Bien des gradés ne sont pas éloignés d'adopter cette opinion; ils supposent que les coups seront portés de part et d'autre avec fougue, avec la plus grande force, avec rapidité, mais sans aucune réflexion. Il faut que cette erreur disparaisse.

Nous démontrerons que l'avantage restera toujours à

celui qui aura mis dans son attaque toute la prudence et l'habileté compatibles avec la situation.

Mannequins et perches — Raisons qui doivent les faire proscrire

Dans le but de remédier à l'inertie du mannequin, on a songé à placer derrière ce plastron un gradé muni d'une perche de 2^m 50, terminée à son extrémité par un tampon.

Signalons les défauts inhérents à ce procédé et les inconvénients qui en résultent.

L'écran placé entre les deux adversaires enlève à l'assaut son caractère vrai. Les actions de l'adversaire armé d'une perche sont limitées; impossibilité pour lui de se porter en avant ou à gauche; interdiction de se porter à droite sous peine de se découvrir complètement. Il lui est possible de reculer; mais alors, il ne peut plus parer et, d'autre part, son antagoniste ne peut dépasser l'écran. Enfin, il ne saurait être question, pour les deux tireurs, de tourner autour du mannequin et de dépasser les limites du grotesque. Ainsi, le gradé et l'élève sont obligés de rester sur la défensive. L'enseignement que retire la recrue des attaques et des parades n'a plus de valeur, et l'idée d'offensive qu'il faudrait toujours chercher à développer disparaît.

D'autre part, les parades et les attaques exécutées par l'homme armé d'une perche ne ressemblent en rien à celles qui sont exécutées avec le fusil, ainsi que nous allons facilement nous en rendre compte.

La perche est légère et maniable comme une plume, si on la compare au fusil armé de sa baïonnette; les attaques ou les parades faciles à exécuter avec une gaule, le sont beaucoup moins avec l'arme de combat.

Le tireur peut exécuter un coup lancé avec la perche

sans que l'équilibre de son corps soit compromis : la perche est vivement lancée, vivement retirée. Lorsque le coup est chassé par le battement du fusil de l'adversaire, la perche est facilement reprise et remise en ligne.

Il n'en est plus de même lorsqu'il s'agit de manier un fusil relativement lourd et dont la répartition du poids sur la longueur est très variable.

Remarquons, en passant, que le tampon de chiffons qui termine la perche, a peu d'analogie avec une pointe de baïonnette, qu'il ne facilite pas le jeu, et en particulier les dégagements.

Enfin, la parade exécutée avec la perche ne correspond pas à l'attaque ; en effet, si l'élève pointe vers le côté gauche du mannequin, le gradé qui déborde le mannequin à droite devra, pour parer « à la finale », donner à sa perche une direction presque perpendiculaire à celle du coup de baïonnette. Les mouvements de la perche, par rapport au mannequin, exigent alors une amplitude qui diffère par trop de la position de la garde et, par suite, permettent à l'adversaire armé du fusil de faire un jeu tout différent de celui qui correspond à la réalité.

Exemple : E et G sont er garde (fig. 1).

E (fig. 2) attaque le côté gauche de M. Empêché par M, écran, G ne peut pas parer sixte.

G le gradé — E l'élève — M le mannequin

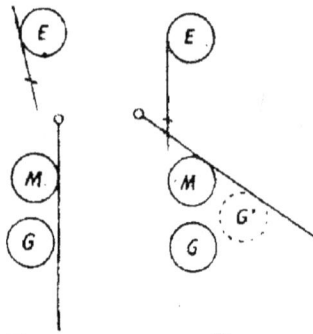

Fig. 1   Fig. 2

Dans le cas où, pour parer, G essayerait un déplacement en avant et à droite, et parerait avant la finale (c'est-à-dire un peu trop tôt), E aurait toute facilité pour atteindre, par une nouvelle attaque, le côté droit de M.

L'élève a donc pris une mauvaise leçon; il s'est livré, avec son professeur, à une partie de cache-cache pendant laquelle le mannequin a joué le rôle principal.

En résumé, nous ne pouvons donner le nom de double jeu qu'à un assaut pendant lequel les deux antagonistes jouissent tous deux d'une indépendance absolue d'allure.

Physionomie du combat individuel à l'arme blanche

Nous venons de constater que le matériel dont nous disposons ne répond pas aux nécessités de l'instruction, et que les défauts inhérents à l'enseignement sont la conséquence d'un outillage insuffisant.

Avant de nous livrer à l'examen du matériel à préconiser et d'adopter une méthode d'instruction, il ne sera pas inutile d'analyser les émotions du soldat au moment de l'assaut et de nous rendre compte des exigences de ce moment critique pour lequel il est, nous le reconnaîtrons, si peu préparé.

« Les troupes échelonnées en profondeur, dans les formations les plus souples et les moins vulnérables, se portent en avant, baïonnette au canon; les officiers, les sous-officiers, précédant leurs hommes, ou confondus avec eux, les entraînent au cri de : « En avant ! »

A ce moment, les tirailleurs les plus rapprochés de la ligne adverse surgissent du sol. Enlevé par une poussée irrésistible venue de l'arrière, l'assaillant exécute un dernier bond vers cet adversaire abrité, qui lui adresse des insultes et tire sans se découvrir.

La surexcitation, des deux côtés, est portée à l'extrême; la fatigue du combat est oubliée.

Au milieu de la fusillade, deux lignes de tirailleurs, plus

ou moins étendues, plus ou moins denses, vont s'aborder et ne sont plus qu'à quelques pas l'une de l'autre.

Un choc se produit entre les divers éléments des compagnies de première ligne, en même temps qu'un léger temps d'arrêt entre les deux hommes que le hasard met subitement face à face.

Il y va de la mise hors de combat, sinon de la vie de l'un des adversaires, quelquefois des deux. Dans cet instant fugitif, pendant cette seconde qui précède l'usage de la baïonnette, les antagonistes se sont mesurés du regard : particularités physiques, taille, poids, situations respectives par rapport au terrain, attitude, équipement, sont immédiatement mis en ligne de compte. L'initiative propre à chacun des deux individus va entrer en jeu, et le succès du combat individuel va dépendre de la valeur physique et morale, de l'habileté professionnelle, de la science approfondie du combat à l'arme blanche, particulières à chaque combattant.

Le plus expert en la matière s'est avisé le premier du genre d'attaque, de la parade ou de la feinte à exécuter. La réalisation de cette décision doit être immédiate, le temps presse; il s'agit de jeter à terre cet adversaire, derrière lequel d'autres vont surgir.

Nécessité absolue de l'entrainement à l'assaut

Nous reconnaîtrons que pour affronter sans trop d'appréhension un moment aussi critique, le soldat doit avoir subi un entraînement spécial. Seule, la pratique des armes peut inspirer à cet homme qui, devant un tireur exercé, ne serait qu'une victime, le calme qui lui permettra de faire preuve de réflexion et de jugement; elle lui dictera l'attaque ou la parade susceptible de le tirer d'un mauvais pas.

Il est d'ailleurs facile de se rendre compte de la nécessité de faire pratiquer l'assaut au soldat avant de l'envoyer au combat.

Opposons deux hommes armés tous deux d'un fusil d'étude, dont la baïonnette est remplacée par une tige inoffensive et à glissement rétrograde.

L'un des adversaires a déjà utilisé cet outil et fait assaut; l'autre est un soldat dont l'instruction militaire est considérée comme terminée, mais qui n'a jamais tiré que sur un mannequin : inévitablement, le premier mettra sans difficulté son adversaire hors de combat.

Il ne faut donc pas compter sur l'improvisation et laisser le hasard maître de fixer le sort des soldats que nous conduisons à l'assaut.

Ce n'est pas toujours avec la « furia francese » que se débrouillent les situations difficiles. Vienne le jour du combat, il sera trop tard pour improviser. On l'a dit souvent, et avec juste raison : on ne pratique bien en campagne que ce que l'on exécute convenablement dans le calme des garnisons.

Le soldat français est impressionnable à l'excès; sa valeur morale croît en raison directe de la confiance qu'il puise en ses chefs et en lui-même; il présente cette particularité que cette force morale est décuplée lorsqu'il se croit supérieur à son adversaire. Or, dominer cet adversaire, n'est-ce pas déjà s'assurer la moitié du succès? Seule, la pratique du double jeu de l'escrime à la baïonnette lui permettra d'acquérir la confiance et, par suite, la maîtrise et le calme indispensables.

Nécessité d'utiliser un fusil d'assaut.

Après avoir constaté les exigences du combat à l'arme blanche, et déploré le *statu quo* dans lequel végète l'enseignement de l'escrime à la baïonnette, nous devons nous demander si nous sommes coupables de négligence en la matière. A notre avis, le matériel utilisé ne permettait pas de progresser ; les perfectionnements de l'instruction dépendent uniquement de l'outillage dont dispose le maître.

Si nous constatons aujourd'hui l'état embryonnaire dans lequel est restée l'escrime à la baïonnette, songeons que l'escrime à l'épée a subi le même retard jusqu'à l'adoption du fleuret, qui date seulement du dix-septième siècle.

Le masque ne date que de la fin du dix-huitième siècle.

On gardait, ou on « jetait avec grâce son feutre » et « l'on se faisait meurtrir la peau au jeu de la rapière », comme le font encore les étudiants allemands.

Il ne pouvait être question d'utiliser le fusil pour l'instruction, en laissant le fourreau sur la lame, ou même en recouvrant d'un tampon l'extrémité du fourreau ; le danger n'est pas supprimé et l'arme est facilement détériorée.

Il conviendra donc d'utiliser un fusil d'étude dont la baïonnette sera rendue inoffensive par un procédé quelconque et qui se rapprochera, par le poids et la forme, de l'arme en service.

Nécessité d'adopter une méthode d'instruction pratique

L'outil de démonstration nous a donc fait défaut ; mais avons-nous, en revanche, une méthode d'instruction précise, complète, un règlement sur la manière d'enseigner et de pratiquer cette escrime spéciale ?

Si nous consultons le titre II de l'*École du soldat*, nous trouvons, à l'unique page consacrée à l'escrime à la baïonnette, des principes généraux avec lesquels nous sommes resté, au cours de cette étude, en presque complet accord ; mais, de méthode d'instruction, nous n'en trouvons point.

Nous constatons, en effet, que des règles précises, détaillées, concernant les multiples mouvements à exécuter avec l'arme blanche font défaut et que des modifications importantes dans le mécanisme des mouvements s'imposent.

Les attaques et les parades ne sont décrites ni dans la ligne basse ni dans la ligne haute.

Il ne faut pas prétendre demander à la science du fleuret pour l'appliquer à l'escrime à la baïonnette, ce que la première comporte de savant, de fini et de précision mathématique. Mais des similitudes existent, et rien n'empêche d'emprunter à l'étude du fleuret et à celle du sabre, l'exemple de la leçon, de la méthode et, dans une certaine mesure, de la correction.

Cette idée n'est pas neuve; tous, nous avons rêvé de rapprocher les escrimes au fleuret, à l'épée et à la baïonnette, et de fortifier la dernière par l'étude des deux autres.

Nous constaterons, en suivant le jeu de deux tireurs entraînés, que la pratique de l'escrime à la baïonnette, avec le fusil d'assaut dont nous proposons l'emploi, leur permet de faire un jeu très varié et très intéressant, et que l'intérêt de l'assaut augmente avec l'habileté des adversaires.

Nous ne pensons pas qu'il y ait lieu de pousser à l'excès dans cette voie le savoir du troupier; ce serait une exagération dans laquelle il ne faudrait pas tomber, en raison du temps limité dont nous disposons pour l'instruction.

Nous avons voulu indiquer, en passant, que les ressources du double jeu sont étendues. Nous fixerons plus loin les limites dans lesquelles nous devrons maintenir l'instruction à donner au soldat; c'est ici la seule qui doit nous préoccuper.

Corps à corps

Nous n'avons pas trouvé, dans le règlement, de méthode pour le combat à l'arme blanche.

Y trouvons-nous des indications pour cette situation spéciale qui se produit lorsque les adversaires se trouvent au contact, au « corps à corps »? Pas davantage.

Et cependant cette situation particulière se produit très souvent. Il y a donc intérêt à étudier les nombreux procédés qui permettront à l'un des adversaires de prendre l'avantage, procédés qui tiennent moins de l'escrime que de la boxe et de la lutte.

L'escrime à l'étranger — L'expérience du présent et du passé impuissante à nous orienter

Les autres nations sont-elles en avance sur nous en matière d'escrime à la baïonnette?

Allemagne. — L'armée allemande est dotée, depuis 1908, d'un règlement sur l'enseignement de l'escrime à la baïonnette. Ce règlement préconise la leçon d'assaut, mais il est imprécis dans la méthode d'instruction.

Nos voisins ont reconnu l'importance qu'il convient d'attacher désormais à la pratique de l'arme blanche; mais, de même que chez nous, les procédés d'instruction sont restés rudimentaires. Leur cavalerie est pourvue d'une carabine avec baïonnette.

Les officiers français qui viennent de séjourner en Allemagne ont pu constater que le travail individuel et les exercices au mannequin entrent pour un tiers dans l'emploi du temps journalier. Nos ennemis éventuels ont compris qu'il est indispensable de contrebalancer, par une pratique intensive de l'escrime à la baïonnette, les qualités inhérentes au soldat français, son agilité, son activité proverbiales.

Mais, pour les mêmes raisons qui nous ont empêchés de progresser, c'est-à-dire faute de fusil d'étude, l'enseignement qu'ils donnent n'est pas supérieur à celui que reçoivent nos troupes.

Là encore, comme chez nous, c'est l'utilisation du mannequin derrière lequel un gradé muni d'une perche pare les coups lancés à toute vitesse par un adversaire masqué. L'assaut est pratiqué en utilisant un masque, une perche et un plastron qui couvre l'homme jusqu'au genou. Malgré l'épaisseur du plastron le danger subsiste. La carotide risque d'être atteinte, le cou n'étant pas protégé.

Japon. — Il est regrettable que nous ne possédions pas des récits détaillés sur les combats individuels à l'arme blanche livrés pendant la campagne de Mandchourie; nous y trouverions certainement matière à enseignement. Nous savons néanmoins que les Japonais utilisèrent, dans le combat à la baïonnette, une tactique spéciale, toute de réflexion, grâce à laquelle ils finirent par triompher de leurs adversaires plus vigoureux et de taille plus élevée. Le soldat nippon a donc compris, dès le début de la campagne, la nécessité d'une tactique raisonnée de l'abordage. Sans avoir reçu au préalable une instruction méthodique, il a improvisé sur le terrain un jeu serré et prudent dont il a augmenté les ressources et les finesses au cours d'une campagne longue et féconde en assauts.

Vaines recherches dans les mémoires des siècles derniers. — Si nous ne trouvons pas dans les récits contemporains les éléments qui peuvent nous aider à établir les règles de l'assaut à la baïonnette, pouvons-nous du moins recourir aux anecdotes des combattants du siècle dernier?

Il faut glaner dans bien des mémoires pour relever quelques indications intéressantes, mais dépourvues le plus souvent de précision. La rareté des récits de duels à l'arme blanche, le manque de clarté dans l'exposé du combat s'expliquent d'ailleurs facilement; l'expression technique fait défaut, les termes conventionnels, quarte, sixte, contre, ne sont pas encore en usage. En campagne, la pratique journalière de l'assaut finissait par inspirer au soldat la meilleure conduite à tenir dans chaque cas particulier, et le soir au bivouac il échangeait avec ses camarades des conseils pratiques. « Tous les moyens de se défaire de l'adversaire sont bons, dit l'un; voici un moyen de se défaire de deux adversaires; j'en embroche un par traîtrise, en feignant de me rendre. Je leur tends mon fusil de la main gauche, et je lui fais faire bascule de la droite en plongeant ma baïonnette dans le ventre de l'un, et ainsi de suite à son camarade. »

Évidemment, ce n'est pas avec des anecdotes de ce genre que nous pourrons établir une méthode d'instruction.

Les raisons qui empêchent le soldat de coordonner ses souvenirs le soir d'une bataille sont d'ordre très divers : nous citerons l'écœurement, le désir d'oublier, la modestie et souvent aussi la difficulté de traduire correctement l'acte accompli.

Nous avons donc le regret de constater que l'expérience individuelle acquise au prix des dangers courus et du sang versé disparaît avec le combattant rendu à ses foyers.

Pour l'étude du combat à la baïonnette, nous devrons donc baser nos convictions sur l'observation du double jeu exécuté avec un fusil inoffensif. C'est par la pratique consciencieuse de cet assaut exécuté sur des terrains ho-

rizontaux et inclinés, que nous pourrons fixer à cette instruction des règles sûres.

Il conviendra de tenir compte de la situation physique et
morale du soldat à la minute de l'assaut, et de ne lui demander à l'instruction que ce qu'il sera capable d'exécuter
au combat.

Nous éliminerons tous les mouvements dont le mécanisme est incompatible avec le but poursuivi, et ceux qui
peuvent retarder les progrès de l'enseignement. Nous nous
efforcerons aussi de faire ressortir les avantages qui dé-
coulent de la plus grande correction des mouvements et
d'une tactique prudente et raisonnée.

Modification à faire subir à notre épée-baïonnette

Avant d'étudier le matériel utilisable, il est intéressant
d'examiner si la baïonnette dont nous sommes actuellement pourvus répond absolument aux nécessités du combat.

Elle a subi jusqu'ici bien des critiques qui, selon nous,
ne sont pas justifiées. Mais avant de discuter sur les défauts dont on l'accuse, nous proposerons de lui faire subir
une modification. Il s'agit de la suppression du quillon, en
l'arrasant jusqu'au renfort qui sert de logement au poussoir.

Y a-t-il un inconvénient à cette suppression? Nous ne le
croyons pas; la solidité de la baïonnette n'est pas compromise, et la formation des faisceaux sans baïonnette, au
moyen du quillon de l'embouchoir, répond à tous les besoins. De plus, la suppression du quillon n'entraîne pas
de dépense appréciable. C'est un ornement qui disparaît.
Donc, pas d'inconvénients, et les avantages sont nombreux. L'épée est rendue encore plus légère, particularité
qui n'est pas à dédaigner si on se place au point de vue
du tir effectué avec la baïonnette au canon.

Dans l'abordage, les inconvénients dus à l'accrochage du quillon ou de toute autre partie du fusil de l'adversaire sont ainsi supprimés.

Le coup peut être porté sans que le tireur appréhende d'être arrêté dans son élan par le croisement des deux quillons d'abord, et ensuite par la main de l'adversaire.

Le fusil prolongé par la baïonnette dépourvue de quillon tend de la sorte à ressembler à une tige dont la grosseur irait en décroissant de la base à l'extrémité, condition à rechercher pour la bonne exécution de l'assaut.

La formation des faisceaux avec baïonnette au canon présentait en outre des dangers que tout le monde a pu constater pendant les manœuvres. Elle constituait un réel danger pour les cavaliers lorsqu'ils étaient obligés de circuler sur les routes occupées par l'infanterie.

La chute d'un faisceau mal formé peut entraîner des accidents. Lorsque le numéro pair du premier rang porte à 75 centimètres en avant de son épaule droite l'arme du soldat placé derrière lui, il court un vrai danger par suite de la direction de l'épée-baïonnette dont la pointe menace son œil.

En somme, il y aurait tout avantage et pas d'inconvénients à supprimer le susdit quillon.

Une autre modification consisterait à rendre tranchante une des arêtes de la lame ; cette disposition ne rendrait pas l'épée beaucoup plus meurtrière, mais elle causerait une blessure à l'adversaire qui essaierait, pendant le croisement des quillons, de saisir la lame avec la main gauche.

Ces modifications réalisées, pourrons-nous considérer notre baïonnette comme réunissant toutes les conditions que l'on peut exiger d'elle ?

Sa longueur, sa résistance sont-elles suffisantes ; sa

forme convient-elle? telles sont les différentes questions qu'il convient de se poser.

Raccourcir notre épée-baïonnette, c'est diminuer les chances d'atteindre plus rapidement le but; la faire plus courte de 10 à 15 centimètres, pour la rendre analogue au couteau japonais, ne semble pas devoir créer une amélioration.

La taille de l'escrimeur et la longueur de l'arme dont il se sert sont des éléments qui ont dans l'assaut une grande importance. Vis-à-vis du cavalier monté ou faisant le combat à pied avec la carabine à baïonnette, il sera toujours avantageux d'avoir une arme dont le rayon d'action sera plus étendu.

La confiance du fantassin en lui-même ne peut donc que gagner à ce que la longueur de notre épée-baïonnette soit intégralement maintenue.

On reproche également à l'épée-baïonnette sa flexibilité.

Rendre la lame plus courte, pour lui donner une forme plus épaisse et moins souple, aurait pour inconvénient de la rendre plus cassante et moins propre à l'usage auquel on la destine. Pourquoi vouloir transformer une épée, dont le but est de pénétrer vivement, en un coupe-choux plat et tranchant?

D'ailleurs, est-il juste de reprocher à notre épée-baïonnette la tendance qu'elle possède à fléchir sous une forte pression? Ne devons-nous pas préférer l'inconvénient de la torsion, toujours réparable, à celui de la cassure? Après un engagement, il sera toujours possible, sans avoir besoin de recourir à un armurier, de redresser une lame. Remarquons aussi que la torsion peut être évitée si le tireur cède à la pression en dégageant, en gagnant ou en rompant la mesure.

Il semble donc que notre baïonnette mérite peu de reproches; l'essentiel est de savoir s'en servir.

Carabine à baïonnette

Ici nous joindrons nos vœux à ceux des cavaliers en souhaitant qu'ils soient bientôt pourvus de la baïonnette à rabattement qui leur est promise et qui leur permettra de lutter à armes égales avec les cavaliers allemands.

« Dût cette baïonnette, dit le général Pelet-Narbonne, être utilisée plus rarement encore que celle de l'infanterie, elle servira pourtant à développer l'esprit d'offensive, même dans le combat à pied. »

Presque tous les cavaliers acceptent maintenant l'idée du combat à pied. N'ayant pas été créés dans ce but, c'est avec un évident regret qu'ils s'inclinent devant cette loi imprévue, mais ils acceptent l'évolution et en étudient, à l'heure actuelle, les conséquences.

Verrons-nous le combat à pied pratiqué dans des proportions exagérées? Par exemple, les deux tiers d'un régiment de cavalerie exécutant une marche d'approche et donnant l'assaut pendant que l'autre tiers tiendra en main et à l'abri les montures? Nous ne le pensons pas.

Le seul bon sens fera justice de certaines exagérations en voie de formation.

Mais dans certains cas particuliers, et dans une mesure dictée par les besoins du moment, les cavaliers seront appelés à aider les armes sœurs en utilisant l'arme blanche.

Déjà entraînés à l'escrime au sabre, ils ne tarderont pas à exceller dans le maniement de la carabine à baïonnette.

Il faut marcher avec son temps, et étudier les intentions de ses voisins. Artilleurs, cavaliers et fantassins, nous devons accepter gaiment les transformations reconnues pratiques, et faire la guerre à la routine, cette séduisante conseillère qui nous invite au doux repos et nous ménage des surprises.

Armes d'hast — Origines de la baïonnette

Si nous considérons l'armement des fantassins aux temps anciens et modernes, nous constatons que l'infanterie s'est toujours accommodée d'une arme répondant aux conditions suivantes :

1º Être assez longue pour permettre d'éviter le corps a corps immédiat;

2º Rester assez légère pour être maniée facilement avec les deux mains;

3º Être pénétrante à son extrémité.

Ce ne sera pas sortir de notre sujet que de nous reporter à l'époque à laquelle l'arme blanche, avant de devenir arme de jet, était seulement une arme d'hast. Que l'on fixe un fer de lance d'un modèle quelconque à la bouche d'un canon de fusil ou à l'extrémité d'une hampe, l'arme ainsi constituée conserve, pour le combat individuel, la même destination; son maniement exige à peu près la même tactique.

Il nous a donc paru intéressant d'étudier, en même temps que les modifications et transformations successives de l'outil de prédilection du fantassin, son mode d'emploi pendant les siècles précédents.

En comparant au double point de vue de la tactique et de l'armement les fantassins grecs, romains, germains et francs, nous aurons l'occasion de constater que les Français n'ont pas toujours su s'inspirer des leçons du passé. Ainsi, sous le régime féodal, nous avons subi les plus sanglantes défaites pour avoir renié systématiquement le rôle de « l'homme à pié », alors que les souvenirs et les exemples laissés par les Grecs et les Romains pouvaient être pour nous les guides les plus sûrs.

Chez les Grecs, les fantassins d'élite de la phalange

macédonienne, les oplites, se servaient d'une longue pique, la « sarisse ». Pour résister à une attaque, les oplites se mettaient en garde, le genou droit en terre, la pointe de la pique dirigée contre le cavalier, le bouclier contre le genou gauche.

En arrière des oplites, sur huit lignes parallèles, étaient rangés en profondeur les peltastes, fantassins légers, également munis de la pique.

Au moment du combat, Xénophon, devant la phalange, tint aux oplites et aux peltastes la harangue suivante : « Vous marcherez à l'ennemi la pique sur l'épaule droite jusqu'à ce que la trompette sonne; alors, vous abaisserez les piques, et vous avancerez lentement. Je défends qu'on s'élance au pas de course. »

Parmi les cavaliers, cataphractes, placés aux ailes de la phalange, une catégorie portait le nom d'archers à cheval; c'étaient des Thessaliens d'origine, dont la mission était de descendre de cheval à l'occasion, de combattre avec la pique et de poursuivre les fuyards. Voilà bien le combat à pied aujourd'hui si discuté.

Pendant la deuxième guerre punique, 542 ans avant J.-C., les fantassins légers de la légion, les vélites, après avoir fait leurs preuves, recevaient une lance d'une longueur supérieure à leur taille.

Pour donner l'assaut, les légionnaires, placés à trois pieds l'un de l'autre, maniaient la lance sans être gênés par leurs voisins.

Quand le soldat du premier rang était fatigué, le suivant prenait sa place; derrière celui-ci, ses huit frères d'armes de la décurie, armés de piques de différentes longueurs, étaient prêts à le remplacer.

« La tactique des Romains, dit Ardent du Picq, se résume dans le combat individuel, dans la succession des efforts, dans le remplacement méthodique des rangs et des lignes engagées. »

Les Germains eurent à peu près le même armement que les Romains.

Tacite, en parlant des Francs, ou Germains occidentaux, dit : « Leurs piques (*framæ*) sont garnies d'un fer étroit et court, mais tellement acéré et si facile à manier qu'avec la même arme ils combattent de près ou de loin, selon les circonstances. C'est l'infanterie qui est leur force principale. *In pedite robur.* »

L'armée de Clovis portait le « hang » ou « angon », pique terminée par un fer de lance muni de deux oreillons rabattus et tranchants.

« Le bois était couvert de lames de fer sur presque toute la longueur, de manière à ne pouvoir être brisé ni entamé à coup d'épée. » (Augustin THIERRY.)

Nous arrivons aux armées féodales; elles se recommandent par la faiblesse de leur organisation militaire, le dédain du piéton, et le discrédit de l'arme d'hast. La pique est reléguée au deuxième plan. La cavalerie est la seule arme; aussi chevaux et cavaliers, tout bardés de fer, succombent sous le poids des cuirasses et sont réduits à la défensive. Pour eux, combattre à pied serait déchoir. Afin d'apprendre à manier la lourde lance, le chevalier consent, pour le tournoi et la joute, à descendre de sa monture; mais là encore, il reste cuirassé de haut en bas. Il est intéressant de voir, à ce sujet, une miniature des « cérémonies et gages de bataille », manuscrit du quinzième siècle de la Bibliothèque nationale. Les deux adversaires cuirassés sont représentés dans une mise en garde analogue à celle qui convient à notre escrime actuelle à la baïonnette. La lance utilisée est tenue à deux mains; celles-ci sont protégées par deux rondelles d'acier, distantes de 30 à 40 centimètres.

Si le chevalier est à l'honneur à la joute ou au combat, le piéton est toujours à la peine; les manants suivent à pied l'homme d'armes; ils sont pourvus de la « vouge », pique droite avec crochet emmanché au bout d'une longue perche; ainsi armés, ils auraient pu rendre des services, mais ils sont tenus en arrière et considérés comme tout au plus bons à achever les blessés, à surveiller les bagages et à chasser les pillards. Ainsi, l'arme d'hast, si appréciée par les Grecs et les Romains, perd tout son prestige à l'époque des armées féodales.

A Damiette, tout de suite après le débarquement, les chevaliers, privés de leur monture, sont obligés de faire face, avec leur longue lance, à la cavalerie ennemie. Joinville prend terre un des premiers. « Il y avait sur la plage une grosse bataille de Turcs, qui comptait bien 6.000 cavaliers. Sitôt qu'ils nous virent à terre, ils vinrent à nous, férant des esperons; nous fichâmes les pointes de nos écus dans le sable, ainsi que le fust de nos lances et les pointes vers eux. Quand ils comprirent que nous allions leur en donner dans le ventre, ils tournèrent ce devant derrière et s'enfuirent. »

Sous la guerre de Cent ans, au quatorzième siècle, les gens de pied se font justement apprécier. A la bataille de Courtray, nos piétons firent si bien, au début de l'action, qu'ils mirent à peu près en déroute l'infanterie flamande.

⸱ Et si la gent de pié le fist,

« Qu'auques les mistrent à desconfit. »

Le connétable Raoul de Nesle voulait que les piétons continuassent un assaut si bien commencé, mais Robert d'Artois crie : Retournez, gens de pié, rarrière! »

Les piétons étonnés reculent; les Flamands reprennent l'avantage.

« Les bourgeois de Bruges n'épargnèrent nulle âme, ni grand, ni petit, mais de leurs lances aiguës et bien ferrées, ils faisaient trébucher et choir chevalier après chevalier et les tuaient à terre.

« Ceux dont les armures émoussaient la pointe de fer

des hallebardes (gondendacs) étaient assommés à grands coups de maillets de fer ou de fléaux. »

Le résultat de la bataille de Courtray finit par convaincre les chevaliers français de la valeur de la pique.

A partir de ce moment, cette arme jouera un rôle impor-, tant dans toutes les batailles.

Même avant la découverte de la poudre, on voit donc la chevalerie fougueuse mise à mal par le modeste « piquier », qui devient, dans l'assaut, le *deus ex machina*.

La longueur extraordinaire, le poids, le maniement de la pique demandaient des hommes de choix.

Les Allemands, les Flamands, les Suisses y excellèrent. Pendant le seizième siècle, les piquiers suisses, allemands et français disputent l'avantage en Italie, à la gendarmerie.

Le côté faible était leurs flancs; on les couvrait avec des gros de cavaliers, et on les mélangeait d'arquebusiers.

Les piquiers disparurent de France lors des réformes de Louvois.

Au seizième siècle, l' « esponton », avec son fût de sept pieds et son fer en feuille aiguë long d'un demi-pied, devient l'insigne des officiers d'infanterie.

Peu différent de la demi-pique, il se confond, sous Louis XIV, avec la « corsesque » (d'origine corse) dont il prend les oreilles pointues. La « roncone » ressemblait à la corsesque, mais ses oreilles étaient rabattues vers le fût : elle servait à pointer, à saisir les cordages dans les abordages et aussi à agripper l'adversaire.

Le véritable esponton, nommé souvent « pertuisane », était une pique avec le fer en feuille de sauge et à oreillons peu distincts.

La « hallebarde » était l'arme d'hast à fer pointu et tranchant; elle fut portée du quatorzième siècle au dix-septième siècle, par les bas officiers et les gardes suisses. Sa longueur variait entre 1m 80 et 2m 40. En France, elle était portée surtout par les gardes d'honneur.

Lorsque le fusil fit son apparition, il fallait, pour éviter que le fantassin fût porteur à la fois de la pique et d'une arme à feu à long canon, choisir l'une ou l'autre ou trouver un moyen de conciliation. On songea donc, avant l'invention de la douille, à planter les premières baïonnettes directement dans le canon au moyen d'un manche en bois plein.

Ainsi, on ne pouvait employer simultanément le fusil comme arme à feu et comme arme blanche.

La baïonnette n'a acquis ses propriétés caractéristiques que le jour où, pouvant tirer baïonnette au canon, le fusil a pu servir à la fois comme arme de jet et arme d'hast. Ce progrès fut réalisé grâce à l'invention d'un dispositif spécial qui permit d'emboîter le canon de l'arme comme d'une gaîne.

Les premières baïonnettes conservèrent une grande ressemblance avec les fers de lance des anciennes piques; elles étaient assez courtes, plates et assez bizarrement découpées. On fit plus tard la lame triangulaire, avec des pans évidés, afin d'éviter d'augmenter le poids déjà considérable du fusil.

Au dix-septième siècle, la forme de la lame a varié plusieurs fois; d'abord plate et affectant la forme d'un triangle très allongé vers la pointe, elle a pris ensuite celle d'une tige assez mince et terminée, à son extrémité, par un losange. La lame était fixée au moyen d'une douille ou d'une virole; un dispositif spécial, qui a gardé le nom de « mouvement à baïonnette », permettait de placer la lame sur le canon ou de la retirer à volonté. La lame de la baïonnette était coudée à sa base; l'opération du chargement était ainsi facilitée.

C'est en 1703 que Vauban fit prononcer l'adoption générale de la douille, et comme conséquence, les piquiers furent supprimés.

Depuis, la forme de la baïonnette a varié souvent; la

lame triangulaire fut remplacée par une lame de sabre plate et recourbée comme le yatagan des Arabes. On en dota les chasseurs à pied, au moment de leur création, puis les zouaves et les servants à pied de l'artillerie.

La douille était remplacée par une ouverture circulaire pratiquée dans la garde du sabre-baïonnette. La poignée contenait un ressort qui permettait de la fixer à un tenon porté par le canon. On enleva à l'infanterie le sabre-poignard, contenu dans un fourreau d'acier et on lui donna le sabre-baïonnette, en même temps que le fusil Chassepot.

Lorsque le fusil Gras parut, la lame de la baïonnette fut encore allégée, elle devint rectiligne et plate.

Avec le fusil Lebel, la lame de la baïonnette redevient quadrangulaire et l'arme prend le nom d'épée-baïonnette.

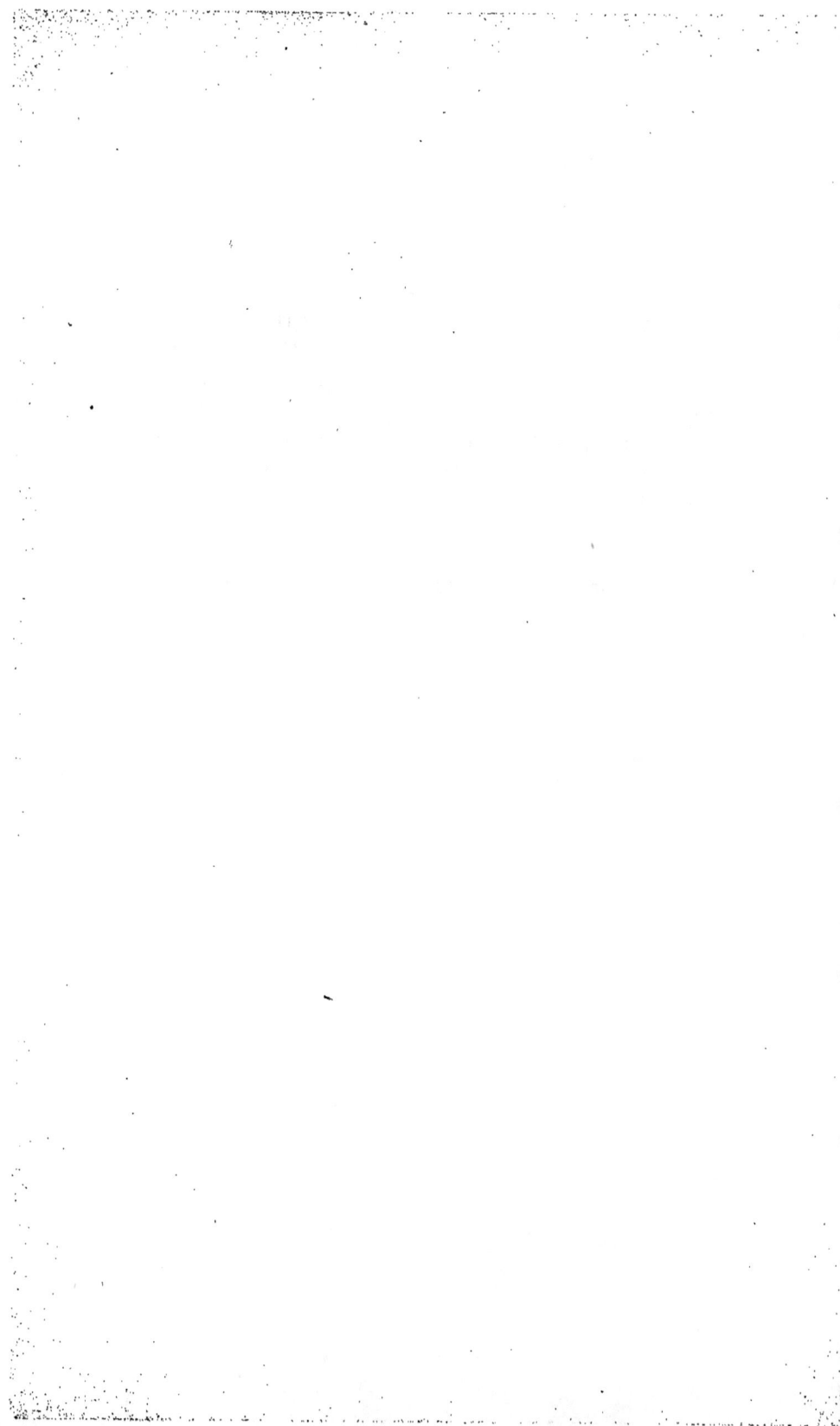

DEUXIÈME PARTIE

MATÉRIEL D'ENSEIGNEMENT

———

Fusil d'assaut — Conditions auxquelles il doit répondre

Un outil de démonstration se prêtant à l'enseignement de l'escrime à la baïonnette doit répondre aux conditions suivantes :

1º Se rapprocher par sa forme et son poids du fusil en service;

2º. Permettre la pratique du double jeu sans faire courir les risques d'un accident.

3º Être très résistant dans son ensemble, tout en conservant de la souplesse et de l'élasticité dans sa partie essentielle, la pointe;

4º Être d'un prix de revient peu élevé.

Les tentatives faites pour utiliser le fusil modèle 86 en remplaçant l'épée-baïonnette par une tige répondant aux conditions du double jeu sont restées infructueuses. Il peut être intéressant d'indiquer un procédé qui n'a pu convenir.

La lame est remplacée par un tube conique ayant la forme d'un fourreau de baïonnette. Ce tube est formé de deux pièces : l'une d'elle la plus effilée, AB, émergeant de la deuxième BC, sous la pression d'un ressort (fig. 3).

Fig. 3

Les inconvénients de ce procédé sont nombreux.

Une prise de fer vigoureuse détermine la cassure de la tige BC à hauteur de la croisière.

Une bavure se produisant en B, à l'orifice du tube BC, arrête le fonctionnement de la partie mobile du système.

Les bosselures produites sur le parcours AB finissent par enrayer le jeu du ressort.

Enfin, les coups portés sont très durs en raison du faible parcours du ressort et de la nécessité de ne laisser à la tige AB qu'une faible longueur.

Les procédés qui consistent à adapter à l'extrémité du fusil une lame d'épée, une tige de bois flexible, ont des inconvénients qu'il semble inutile de signaler.

Nous avons obvié à ces multiples inconvénients en adoptant les dispositions suivantes.

Le fusil mod. 1886 ne pouvant être utilisé est remplacé par un fusil de bois d'une longueur de $1^m 52$, terminé par une tige mobile métallique qui porte à $1^m 82$ la longueur totale de l'arme.

Cet outil se rapprochant par sa forme du fusil mod. 1886 est foré du côté opposé à la crosse de manière à contenir un mécanisme particulier. Ce mécanisme se compose essentiellement d'une tige métallique mobile prenant appui d'une part sur un ressort, d'autre part sur un tube qui lui sert à la fois de guide et d'arrêt.

Le même outil pourra être mis en usage dans la cavalerie; il suffira de lui donner une longueur totale égale à celle de la carabine pourvue d'une baïonnette à rabattement ($32^{cm} 7$). Dans tous les cas, le forage devra conserver sa profondeur de 55 centimètres, les dimensions générales du bois étant réduites à celles de la carabine.

Le fusil d'assaut n'est pas déréglable; son mécanisme peut être facilement démonté et remonté.

Il a servi pendant un an à faire l'instruction dans une compagnie et a été utilisé dans de fréquents assauts sans se détériorer et sans occasionner le moindre accident.

Les parties fragiles du mécanisme sont abritées sous le bois. Le tube baïonnette qui émerge après avoir été maintenu sur un long parcours, ne se bosselle jamais et ne se déforme pas en raison de la résine qu'il contient.

Le coup de bouton porté avec la plus grande force ne fait aucun mal; il est infiniment plus léger que celui porté par le fleuret et par l'épée.

Le ressort, en raison de sa longueur, enlève au coup porté sa dureté; dès qu'il commence à être comprimé, sa résistance agit en sens contraire de l'attaque et facilite le retrait de l'arme.

Le tireur n'est pas tenté de prendre appui sur le point touché; il est entraîné à reprendre la position de la garde, ainsi que la tactique de l'assaut l'exige.

Enfin, condition essentielle, le tireur peut conserver au moment du coup porté la position qu'il aurait si le coup avait pénétré en utilisant une lame sans glissement rétrograde.

Instructions détaillées concernant l'établissement du fusil d'assaut

(Voir les figures 4, 5, 6 et 7)

Corps de l'arme. — Une bille de bois de hêtre de $1^m 60$ de longueur sur 15 centimètres d'épaisseur peut servir à la confection de deux bois de fusils, en inversant les crosses et les fûts; les becs de crosse sont ensuite rapportés.

On peut confectionner le fusil en deux pièces d'égale longueur (76 centimètres) que l'on ajustera ensuite; ainsi, l'une des parties sera forée avec plus de facilité sur une profondeur de 55 centimètres. Ce procédé exige des pièces de bois moins longues.

Forage. — Le bois devra être foré sur un diamètre de 22 millimètres et sur une profondeur de 55 centimètres. On procédera au forage avant d'amincir et de finir le fût, afin d'atténuer les erreurs provenant d'un forage oblique.

Ressort. — En fil d'acier fondu tréfilé de 70 à 75 millimètres de diamètre, trempé à l'anglaise. Un ressort, se rapprochant par ses qualités et dimensions du ressort de magasin du fusil mod. 86, réunit toutes les conditions de souplesse et de résistance.

Diamètre extérieur : $13^{mm}2$ à $12^{mm}8$.

Nombre de spires : de 85 à 75.

Longueur : de 860 à 800 millimètres.

Tube métallique contenant le mécanisme. — Ce tube doit prendre place sans ballotter dans le logement foré à son intention.

Le diamètre, à partir des bords extérieurs, est de 20 millimètres et son calibre de 18 millimètres; sa longueur est de 55 centimètres. Protégé par ce tube, le ressort ne subit aucun des heurts et arrêts que le contact immédiat du bois lui ferait éprouver.

Tube guide de la tige-baïonnette. — Ce tube, en acier étiré, est fixé par un cran de serrage dans le tube contenant le mécanisme; il sert à guider la tige mobile qui se meut sous l'action du ressort et à l'arrêter dans son mouvement en avant.

Longueur : 12 centimètres.

Diamètre extérieur : 18 millimètres.

Diamètre intérieur : 13 millimètres.

Le déplacement des deux tubes intérieurs, qui se produirait à la suite des chocs répétés du tube-baïonnette sous la pression du ressort, est évité par la présence d'une goupille qui sert à relier le tube au fût. La goupille est elle-même retenue par une bague encastrée dans le bois. A la partie extrême du fût, une virole formant capuchon recouvre et contient le système en livrant passage au tube-baïonnette.

Cette virole est rabattue sur la tranche antérieure du fût et adaptée au bois par des vis de fixation.

Tube-baïonnette mobile. — Ce tube cylindrique devra se mouvoir librement dans le guide formant glissière. Fixé au ressort du magasin, il bande ce dernier en se portant en arrière et revient, lorsqu'il est livré à lui-même, buter par son méplat contre la tranche arrière du tube guide.

Le diamètre extérieur est de 12 millimètres.

Le diamètre intérieur est de 9 millimètres.

Sa longueur est de 40 centimètres.

Résine. — Le tube-baïonnette est rempli de résine coulée à chaud ; cette substance donne au tube la résistance nécessaire pour supporter les chocs sans entraîner les bosselures du métal, qui nuieraient au fonctionnement du système.

Le tube-baïonnette rendu ainsi indéformable conserve une légèreté particulière et la force du coup de bouton est très atténuée.

Un bouchon de forme sphérique, en bois ou en caoutchouc, est fixé à l'extrémité du tube-baïonnette.

Poids de l'arme. — Pour augmenter à volonté le poids du fusil d'assaut, on pourra l'entourer de feuilles et de bagues métalliques.

On introduira dans la crosse, forée au préalable, de la grenaille de plomb ou du fer hors de service, afin de donner à l'outil un poids se rapprochant de celui du fusil mod. 86

(ou moins élevé si on le destine à l'instruction de jeunes écoliers).

Plaque de couche. — Pour éviter les dégradations, on adaptera une plaque de couche métallique faite par exemple de tôle.

Fourreau de drap. — Pour protéger les mains contre les écorchures que pourraient occasionner le bois ou les parties métalliques du fusil de l'adversaire, il conviendra de recouvrir d'un fourreau de drap la partie antérieure du fût.

Prix de revient. — Le prix de revient du fusil d'étude ne dépassera pas 12 francs.

Il serait avantageux d'en pourvoir chaque compagnie à raison de deux par section.

Cibles-plastrons

Nous avons déjà donné les raisons qui nous font considérer les mannequins comme lourds, grotesques, encombrants et préjudiciables plutôt qu'utiles à l'instruction.

Pour l'étude de la précision dans le pointage et l'acquisition de la notion de la distance, ils seront avantageusement remplacés par des cibles plus légères et d'un déplacement plus facile. On utilisera, soit un morceau de toile, sur laquelle figurera une silhouette, soit un vêtement quelconque (capote hors service).

Un porte-manteau de bois constitué par une tige horizontale supportera la cible et pourra être fixé à une branche d'arbre, à un fil de fer. La cible pourra au besoin, être fixée à une haie, disposée sur un buisson.

JT

S.G.D.G.)

FUSIL D'ASSAUT
du Cap^ne J. GASTON. — (B^té S.G.D.G)

Cap^ne J. Gaston. — Manuel d'Escrime à la Baïonnette.

Fig 4

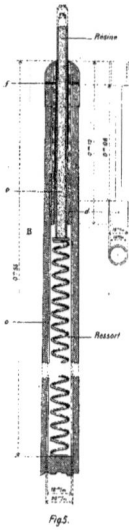

Résine

Ressort

Fig 5.

A

Fig 6.   Echelle de $\frac{1}{10}$

A   Ensemble du fusil
B   Ensemble du mécanisme
c   Tube emboîtant le mécanisme
d   Glissière
e   Tube rempli de résine
f   Gougeon servant à fixer le mécanisme au fût
g   Virole servant e consolider l'extrémité du fût

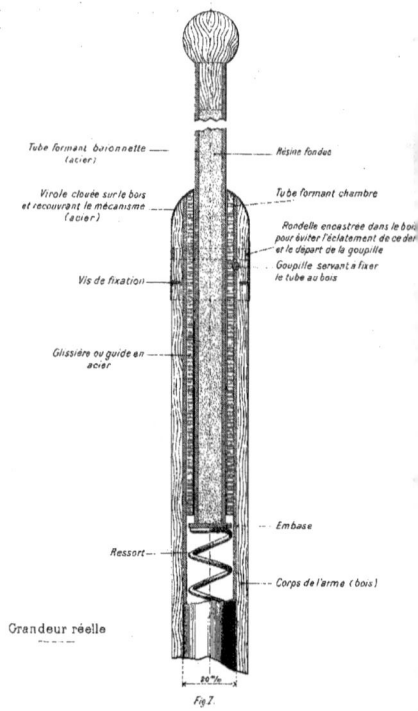

Tube formant baïonnette (acier) ———

Virole clouée sur le bois et recouvrant le mécanisme (acier)

Vis de fixation

Glissière ou guide en acier

Ressort —

——— Résine fondue

——— Tube formant chambre

——— Rondelle encastrée dans le bois pour éviter l'éclatement de ce der et le départ de la goupille

——— Goupille servant à fixer le tube au bois

——— Embase

——— Corps de l'arme (bois)

Grandeur réelle

Fig 7.

Pour l'exercice à l'extérieur, il sera facile d'emporter sur le sac d'un homme la cible roulée.

Le prix de revient des mannequins oscillants ou montés sur bois entraîne une dépense faible mais appréciable; l'utilisation du procédé ci-dessus n'exige aucun frais. Le service de tir mettra à la disposition des compagnies des silhouettes sur toile (1).

Masques d'escrime

Il est absolument inutile d'utiliser des plastrons d'escrime.

Il est indispensable de faire usage du masque d'escrime pendant la leçon et pendant l'assaut; il conviendra de recouvrir la main gauche d'un gant de laine.

---

(1) Les demandes de fusil d'assaut seront adressées à l'auteur qui, après autorisation ministérielle, cédera ses droits de fabrication et désignera pour la livraison une manufacture d'armes.

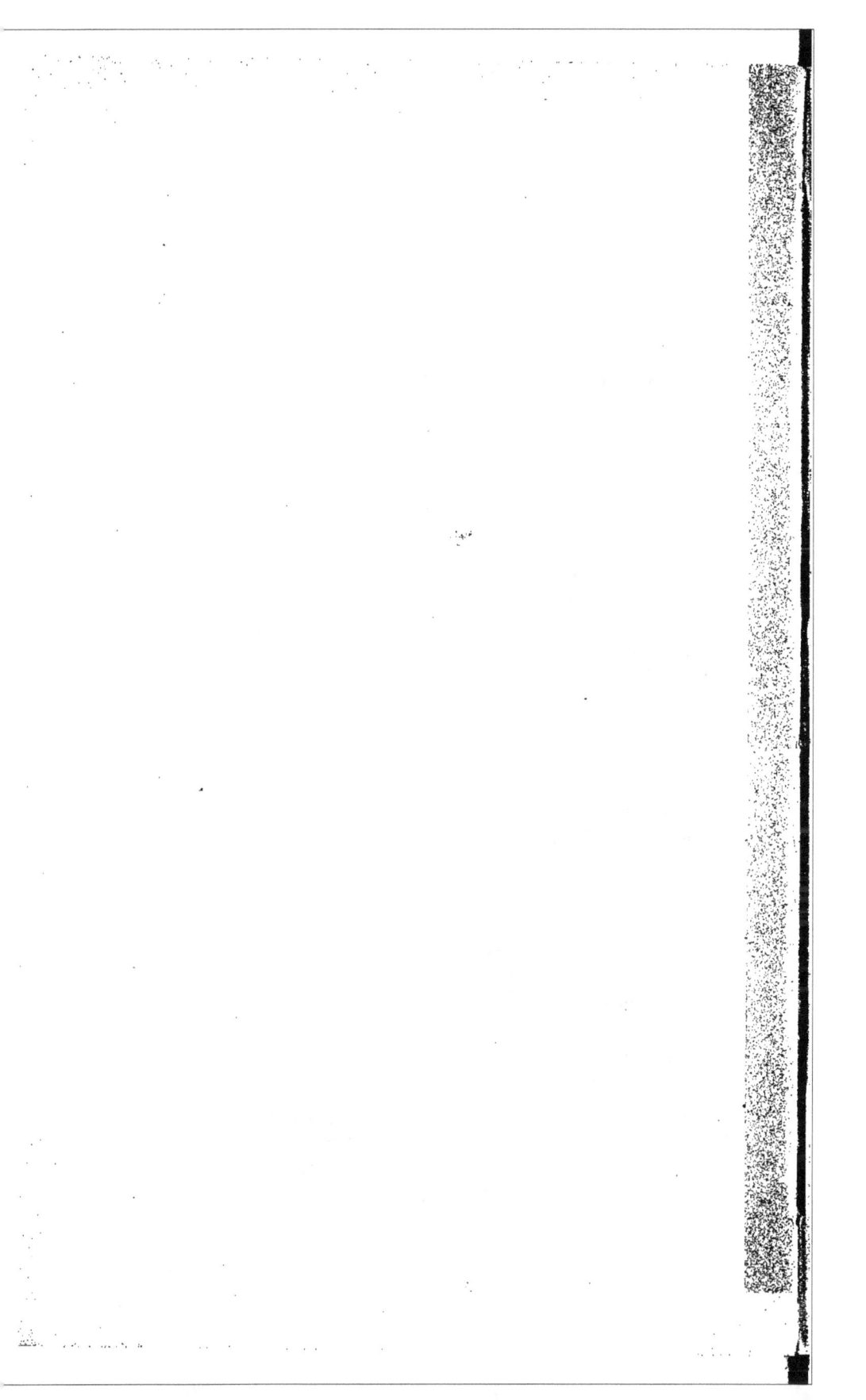

TROISIÈME PARTIE

MÉTHODE D'INSTRUCTION PRATIQUE

Position de la garde

Le Règlement dit : « La garde est prise en partant de la position de : Croisez la baïonnette.

« Placer le pied droit à 20 centimètres plus en arrière, ployer sur les jarrets, le poids du corps portant également sur les deux jambes.

« Repos : Se redresser sur les deux jambes, placer son arme devant le corps, les bras allongés. »

Nous proposons la modification suivante : « En garde : »

« Saisir l'arme avec les deux mains, la main droite à la poignée, la main gauche entre l'arme et la bretelle, la crosse légèrement détachée de la cuisse droite et en avant, la pointe de la baïonnette menaçant l'adversaire à hauteur de la ceinture, l'arme légèrement élevée au-dessus de la parallèle au sol.

« Se fendre en avant ou en arrière selon la longueur des jambes, la pointe du pied gauche placée dans la direction de l'attaque, la partie arrière du talon droit sur le prolongement de la ligne intérieure du pied gauche, la pointe de ce pied légèrement fermée, les pieds un peu moins ouverts que l'équerre (fig. 8).

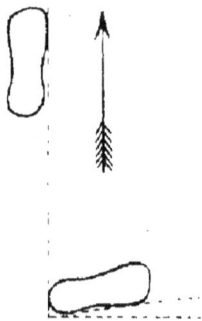

Fig. 8

« Ployer sur les jarrets, la partie supérieure du corps légèrement penchée en avant (fig. 9).

« Repos : Prendre la position du soldat reposé sur l'arme. »

REMARQUES. — La mise en garde en avant doit être enseignée comme la mise en garde en arrière; cette précaution répond aux nécessités du combat.

Si l'adversaire est trop rapproché, ce sera la mise en garde en arrière et inversement s'il est trop éloigné.

Fig. 9. — Position de la garde et engagement.

Le pied droit est placé de telle façon que son déplacement en avant soit facile et rapide.

Le croisement des pieds doit être évité dans le but de rendre plus vivement exécutables les déplacements en avant ou en arrière.

La position du pied droit débordant légèrement le pied gauche ne nuit aucunement à l'équilibre du corps. La précision des coups est augmentée par suite de la diminution des déplacements obliques et latéraux de la jambe droite.

La pointe du pied droit un peu rentrée permet de donner

plus de vigueur à la détente du jarret et de reprendre la garde plus rapidement.

La position de la garde prise en détachant l'arme du corps et en lui donnant une direction presque horizontale découle des observations suivantes :

Lorsque deux escrimeurs armés du fusil d'assaut tombent en garde, la pratique des assauts précédents leur dicte naturellement la position ci-dessus. Nous ferons remarquer que les tireurs sur l'attitude desquels notre observation a été faite et renouvelée sont des maîtres d'armes ou des escrimeurs entraînés.

Cette garde, qui diffère essentiellement de celle actuellement en usage, présente les avantages suivants.

Elle facilite les attaques et les parades en faisant gagner du temps au tireur.

La parade de sixte, dans la ligne de gauche, devient possible; elle n'est plus contrariée comme dans la position de la main droite appuyée à la hanche.

Les battements, les pressions, les parades, les prises de fer acquièrent une plus grande vigueur lorsque les deux mains agissent simultanément sans être gênées par le côté droit du corps.

L'attitude du corps légèrement en avant devient offensive de défensive qu'elle était; elle facilite l'attaque et amène le soldat à prendre une position plus conforme aux nécessités du combat. Elle permet de combattre la tendance fâcheuse qu'ont les hommes à porter le haut du corps en arrière ou à droite dans la position de la garde.

Le rayon d'action de la baïonnette est augmenté de 20 centimètres, avantage qui n'est pas à dédaigner.

Méthode d'enseignement — Position de la garde

Nous recommandons aux gradés de ne pas chercher, comme nous le voyons faire souvent, à vérifier l'équilibre et le degré de résistance de l'homme à la poussée en exerçant inopinément une pression d'avant en arrière sur la croisière de la baïonnette. Ce serait aller contre la vérité de l'enseignement; il faut, dans toutes les escrimes, rechercher la souplesse et éviter la raideur; la bonne exécution des mouvements dépend essentiellement de l'attitude du tireur. Une contraction musculaire exagérée, une dépense d'énergie dans le but d'une résistance à vide doivent être proscrites.

La main gauche est rapprochée du pontet selon la longueur du bras.

Les gradés ne devront pas exiger que la position de la garde soit considérée comme un exercice d'assouplissement et conservée jusqu'à fatigue de l'homme.

Le combat individuel ne dure que quelques secondes et ne comporte pas les exigences de l'assaut au fleuret qui peut durer quelques minutes.

Il n'y a pas lieu de faire exécuter les changements de garde en ce qui concerne les gauchers; ceux-ci sont particulièrement avantagés dans la position réglementaire de la garde à gauche, qui concorde avec leurs dispositions naturelles.

Pour faire reposer le tireur, utiliser la position du soldat reposé sur l'arme. La détente physique se produit dans des conditions meilleures que dans la position des jambes écartées, les bras allongés soutenant l'arme.

Le soldat sera exercé à passer en un seul temps de la position debout, à genou, couché, à la position de la garde.

Mouvement des jambes

Nous proposons les modifications suivantes :

Face à un point quelconque. — Demi-tour à droite. — Tourner sur le talon gauche ou sur le talon droit en élevant un peu la pointe du pied et replacer l'autre pied à son nouvel emplacement.

Un pas en avant, en arrière. — Déplacer vivement l'un ou l'autre pied et gagner ou rompre la mesure en donnant à la distance qui sépare les deux talons une longueur variant avec le but à atteindre.

Un pas à droite, à gauche. — Se porter à droite ou à gauche en déplaçant successivement l'un ou l'autre pied.

Double pas en avant, en arrière. — Jeter le pied droit (ou gauche) en avant (ou en arrière) du pied gauche (ou droit) à une distance variable selon le but à atteindre et reporter vivement le pied gauche (ou droit) à sa position.

REMARQUES. — Le règlement fixe à 20 centimètres, 35 centimètres, 50 centimètres, les distances qui doivent exister entre les deux talons, après l'exécution de l'un ou l'autre des mouvements ci-dessus. Ces règles sont draconiennes et peu applicables. Il faut surtout veiller à ce que les déplacements exécutés et la position prise correspondent bien aux besoins du moment.

La rapidité de l'instruction ne peut que gagner à la suppression des règles fixées pour les distances.

L'homme sera exercé à gagner et à rompre la mesure, selon le cas, et c'est l'étude préalable de la notion de la distance qui lui fera acquérir une juste mesure dans ses déplacements.

Ainsi que le règlement le prescrit, les mouvements de marche devront être exécutés : « sans sursaut, les pieds rasant le sol et avec une rapidité croissante ».

L'aplomb doit être conservé pendant les déplacements. Le « demi-tour à droite » dont le règlement ne parle pas, peut trouver son application au combat lorsque le fantassin à affaire à plusieurs cavaliers; il y a lieu d'y exercer le soldat.

Il ne peut y avoir d'inconvénient à ce que le soldat exécute un déplacement en avant ou en arrière, à droite ou à gauche, face à un point quelconque en partant indifféremment du pied droit ou du pied gauche; le terrain, les circonstances particulières peuvent seules dicter la manière de procéder.

Volte-face à droite. — Ce mouvement n'existe pas dans le règlement. Il trouvera rarement son application sur le terrain, mais dans certains cas particuliers, il peut être utile de l'employer.

Le soldat peut avoir derrière lui un obstacle, camarade blessé, cheval abattu et se trouver en même temps dans l'obligation de rompre la mesure; dans ce cas, une volte-face à droite rapide lui permettra d'enjamber facilement l'obstacle et de retraiter sans risquer de trébucher.

Il ne sera donc pas sans intérêt d'exercer le soldat à exécuter ce mouvement en franchissant un obstacle; on n'exigera pas une grande correction. Cet exercice développera chez l'homme la légèreté, l'entrain et l'aptitude à retomber correctement en garde.

Le mouvement de volte-face à gauche ne doit pas être enseigné; il n'est pas indispensable et il est aussi d'une exécution difficile.

Pointez

Le règlement dit :

« Tendre le jarret droit en portant le haut du corps en avant; se fendre de la partie gauche à 20 centimètres plus en avant; lancer vivement l'arme des deux mains, le canon en dessus. »

Fig. 10. — **B** exécute le coup lancé. — **A** pare par battement et pointe.
B ne peut ressaisir son arme.

Nous proposons les modifications suivantes :

Deux temps :

1º Lancer vivement l'arme des deux mains le canon en dessus, en allongeant le bras droit, la main gauche servant de support et de direction et prenant entre la grenadière et le pontet une position variable selon la longueur du bras et le but à atteindre.

2° Tendre le jarret droit en portant le haut du corps en avant, se fendre de la partie gauche s'il y a lieu, selon l'éloignement du but, le pied droit restant à plat (fig. 10 [A] et fig. 25 [B]).

En garde. — Reprendre vivement la position de la garde en avant ou en arrière, la main gauche reprenant sa première position en rapprochant le pied droit du pied gauche ou inversement (fig. 10).

OBSERVATIONS. — Ce mouvement implique comme pour l'étude du fleuret le développement du tireur.

Tendre le bras droit d'abord, se fendre ensuite; tel est le principe qu'il faut enseigner dès le début; faute de cette précaution la précision est compromise et les chances d'atteindre le but deviennent incertaines.

La fixité de la main gauche dans le mouvement, tel que le règlement le décrit, nuit à la souplesse de l'exécution, empêche le développement complet du bras droit et par suite diminue la mesure.

L'arme est lancée des deux mains, les doigts de la main gauche se desserrant dès le lancé pour permettre au fusil de glisser et de se porter en avant.

On voit que l'action de la main gauche est importante puisqu'elle facilite le lancement et assure la direction.

La fente sera utilisée au combat ou à l'assaut: elle sera exécutée si le tireur le juge à propos, par exemple, lorsque la distance franchie par le pas ou le double pas en avant pour se rapprocher de l'adversaire n'a pas été suffisante et que quelques centimètres d'allongement suffisent pour toucher le but.

Le pied restera à plat pendant le pointez; la reprise de la garde en arrière sera ainsi facilitée.

Pointez — Méthode d'enseignement

Série d'exercices à exécuter

L'élève constatera la nécessité de faire précéder le départ du pied du lancement de l'arme par les deux exercices suivants :

1º Prescrire de pointer en lançant simultanément la jambe gauche et les bras pour atteindre un point désigné sur une cible. Faire constater la difficulté d'atteindre le point voulu.

2º Même exercice en pointant sur l'instructeur.

L'instructeur pare pendant le déplacement du pied gauche de la recrue et lui fait ainsi constater que la précision du coup, l'aplomb et la reprise de la garde sont compromis.

Faire exécuter le développement en deux mouvements distincts, en exigeant que le pied gauche ne se déplace que lorsque le bras droit est tendu (sans chercher à atteindre un point).

Continuer cet exercice en cherchant à obtenir que les deux temps soient consécutifs (sans chercher à atteindre un point).

Progression des exercices à exécuter pour acquérir la notion de la distance

La mesure est la distance la plus grande à laquelle on arrive en se fendant.

Cette distance que deux adversaires prudents ont la précaution de prendre entre eux au début de l'engagement est essentiellement variable. Elle augmentera ou diminuera pendant l'assaut selon la tactique des deux tireurs.

Mais il faut qu'à un moment quelconque du combat, le tireur juge si la distance qui le sépare de son adversaire le met à l'abri d'une surprise ou lui permet d'attaquer pour toucher.

Cette notion exacte de la distance est une qualité de premier ordre et ne s'acquiert que par une étude préalable et des exercices réitérés.

Le pointage sur cibles constituera le premier exercice, mais le véritable sentiment de la distance ne pourra être acquis que pendant l'assaut ou la leçon avec le gradé. Le meilleur entraînement consistera donc dans la pratique de l'escrime à la baïonnette à double jeu.

Le coup lancé est un genre d'attaque à ne pas utiliser

Le coup lancé a été supprimé dans le dernier règlement sur les manœuvres, et selon nous, cette suppression est justifiée.

Néanmoins ce genre d'attaque, encore en faveur en Allemagne, ne jouit pas chez nous d'un discrédit absolu. Ceux qui le préconisent le déclarent instinctif; mais ici la raison doit l'emporter. Aussi croyons-nous devoir exposer les critiques qui nous déterminent à lui préférer le « Pointez » tel que nous l'avons décrit plus haut.

Le coup lancé exige le lancement de l'arme avec les deux mains, l'allongement du bras droit soutenant seul le fusil, et la reprise de l'arme avec la main gauche.

Il y a entre les deux mouvements d'aller et de retour de l'arme un point critique pendant lequel elle n'est plus soutenue; c'est ce moment qu'un adversaire avisé choisira pour exécuter un battement qui lui permettra de pointer sans craindre la contre-riposte (fig. 10).

Le poids du fusil avec la baïonnette est tel qu'après une parade exécutée au moment qui vient d'être indiqué, l'arme ne pourra pas être ressaisie avec la main gauche. L'expérience faite avec le fusil d'assaut permet facilement de tirer cette conclusion. Il faut remarquer que la difficulté de lancer vigoureusement l'arme et de la ressaisir après l'avoir abandonnée sera encore plus grande au combat, en raison de la fatigue et de l'essouflement du moment.

En réalité, la tension énergique du bras droit dans le coup lancé exigerait à l'assaut une telle dépense d'énergie que cette attaque sera toujours exécutée avec retenue, le bras droit raccourci, la main gauche s'éloignant très peu de l'arme. Dans ces conditions, il vaut mieux exécuter le « Pointez » qui permet au soldat de diriger la pointe, de soutenir son arme et de conserver son aplomb.

Un exemple tiré des mémoires du grenadier anglais Laurence (1791-1867), nous donne à ce sujet un excellent renseignement sur la nécessité de veiller à la conservation de l'équilibre.

« Je tuai, dans cette action (à Badajoz), un sergent français. J'étais dans la tranchée quand il parut au sommet du monticule, et il me lança un coup de baïonnette, car il ne lui restait pas plus qu'à moi de coup à tirer, et dans ce mouvement, il perdit l'équilibre et tomba. J'eus bientôt fait de le clouer au sol avec ma baïonnette et le pauvre diable expira peu après. C'était un des plus beaux soldats français que j'aie vus. Si je l'avais laissé se remettre sur ses pieds, j'aurais pu mal m'en trouver.

« Tuer ou être tué, c'est la guerre ! »

On pourrait croire que la pointe atteint plus loin dans l'exécution du coup lancé que dans celle du « Pointez ». Il est facile de se rendre compte que le deuxième genre d'attaque permet d'atteindre aussi loin que le premier.

Pour parer le coup lancé, le moment peut être choisi soit lorsque la main gauche abandonne l'arme, ainsi que nous l'avons dit plus haut, soit lorsque le tireur, pour donner une vive impulsion à son fusil porte les deux mains en arrière; un adversaire attentif saisira facilement cet instant critique de retrait, pour exécuter un battement et pointer.

A   B

Fig. 11. — **A** Position de quarte.
Fig. 12. — **B** Position de sixte.

Telles sont les différentes raisons pour lesquelles, d'accord avec le règlement, nous déconseillons l'usage du coup lancé.

Lignes — Positions

Par rapport aux deux mains du tireur, nous distinguerons la ligne haute, la ligne basse, la ligne de droite, la ligne de gauche.

Tenant compte des positions que les adversaires peuvent occuper l'un par rapport à l'autre, sur un terrain horizontal ou incliné, nous avons reconnu la nécessité d'adopter des positions différentes selon le terrain et selon le genre d'attaque.

Les positions, quarte, sixte, trouveront généralement leur emploi sur un terrain horizontal.

Les positions quarte haute, sixte haute, quarte basse, sixte basse, conviendront sur un terrain incliné.

Les termes « quarte haute, sixte haute », sont empruntés à l'escrime au sabre. Pour ne pas compliquer la terminologie nous avons préféré les expressions « quarte basse et sixte basse » aux mots « septime » et « octave » qui, dans le langage du fleuret conviennent à la position.

QUARTE

Porter l'arme à droite avec les deux mains en faisant, sur la baïonnette de l'adversaire, une opposition suffisante pour couvrir le côté droit du corps (fig. 11).

SIXTE

Porter les deux mains en avant et à gauche (fig. 12) et couvrir le côté gauche du corps.

QUARTE HAUTE

Élever la pointe à hauteur de la tête en faisant une opposition à droite (fig. 13).

SIXTE HAUTE

Même exercice à gauche (fig. 14).

QUARTE BASSE

Allonger complètement le bras gauche en faisant une opposition à droite et en bas avec la pointe de la baïonnette (fig. 15).

A   **B**

Fig. 13. — **A** Position et parade de quarte haute.
Fig. 14. — **B** Position et parade de sixte haute.

SIXTE BASSE

Même exécution en faisant opposition de la pointe à gauche et en bas (fig. 16).

EN TÊTE PAREZ

Remarque. — Le mouvement, tel qu'il est décrit dans le règlement est d'une exécution difficile et pénible; au combat, il sera inexécutable. De plus, la position *ne varietur* de l'arme au-dessus de la tête enlève toute possibilité de riposter en temps utile.

Il est plus rationnel de demander simplement que l'arme soit placée horizontalement au-dessus de la tête,

A   B

Fig. 15. — **A** Position et parade de quarte basse.
Fig. 16. — **B** Position et parade de sixte basse.

ou en avant et toujours perpendiculairement à la direction de l'attaque.

Il ne semble pas nécessaire d'exiger l'allongement des bras. En conséquence, nous proposons de modifier ce mouvement de la façon suivante.

En tête parez

Élever le fusil avec les deux mains, en le faisant pivoter entre le pouce et l'index, les doigts effacés le long de la monture, et donner à l'arme une direction perpendiculaire à l'attaque.

Engagement

L'engagement consistera à joindre le fer adverse en sixte, en quarte, en sixte haute et basse, en quarte haute et basse. A l'escrime à la baïonnette encore plus qu'au fleuret, la prise de contact est nécessaire (fig. 9).

Changement d'engagement

Il s'exécutera de la ligne de quarte dans celle de sixte et réciproquement, la pointe passant sous la pointe adverse.

Double engagement

Quoique exécutable, il ne répond pas à une nécessité absolue.

Absence de fer

Elle sera employée dans le but de provoquer une action adverse.

Corps à corps

Il y a « corps à corps » lorsque les deux adversaires très rapprochés l'un de l'autre ne peuvent plus faire usage de la pointe de la baïonnette.

Le corps à corps se produit le plus souvent pour des causes indépendantes de la volonté. Il est causé par l'élan simultané des deux adversaires, par une poussée subite venue de l'arrière ou par le manque de sang-froid de l'un des combattants.

Il se produit aussi quelquefois lorsqu'un des tireurs ne ripostant pas à l'attaque, laisse la ligne ouverte et permet à l'autre de se « loger ».

D'une façon générale, le corps à corps ne doit pas être recherché; l'intervention inopinée d'un tiers pourrait entraîner la mise hors de combat de l'un des adversaires.

Il convient d'étudier les procédés susceptibles de dé-nouer cette situation qui se produit souvent à l'assaut.

Négliger cet enseignement serait une lacune dans l'étude du combat individuel.

Les procédés utilisables sont assez nombreux et tiennent bien plus d'un assaut de boxe, de lutte et de jiu-jitsu que de l'escrime. Mais notre devoir est d'enseigner au soldat, non seulement les notions les plus indispensables de l'art délicat de l'escrime, mais aussi de leur indiquer les moyens d'action plus violents qui lui permettront de rester vain-queur dans le corps à corps.

Méthode d'enseignement

Le but à atteindre est la recherche du coup décisif, qui met l'adversaire hors de combat en l'atteignant à une partie très sensible.

Les points les plus sensibles sont l'angle de la mâchoire, la carotide, la région du cœur, le creux de l'estomac (sur le centre nerveux .dit « Plexus solaire ») près de l'extrémité du sternum. Il s'agit, en un mot, de knock-outer son adversaire.

Dans la démonstration et dans la pratique des exercices

Fig. 17. — **A** et **B** sont au corps à corps.   Fig. 18. — **A** détermine la chute de **B**.

suivants, le coup est simplement esquissé ; jamais les tireurs ne doivent aller jusqu'à toucher.

L'assaut est toujours surveillé. Les gradés démontrent le mouvement à exécuter en procédant avec une sage lenteur et toujours en décomposant.

Au combat, la rapidité dans l'exécution du coup choisi sera la première condition du succès.

On indiquera aux hommes, celles des attaques qui con-

viennent plus particulièrement à leurs aptitudes physiques;
il y a lieu de tenir compte de la taille, du poids, de la
vigueur musculaire.

L'avantage restera à celui qui se sera familiarisé à l'instruction avec les attaques et les parades particulières au
corps à corps et qui les utilisera au combat avec à propos.

Attaque. — Se rapprocher le plus possible en se redres-
sant et placer vivement le pied droit derrière le pied
gauche de l'adversaire, le renverser en exerçant une forte
pression de tout le corps (fig. 18).

Fig. 19. — Attaque et parade du coup de crosse à la tête.

Parade. — Dégager vivement le pied gauche en le portant
à gauche par dessus le pied droit de l'adversaire pour
reprendre l'équilibre.

Rompre vivement en conservant le contact avec l'arme
de l'adversaire et reprendre la garde.

Attaque. — Exécuter un bond en arrière en conservant le contact des armes, essayer de toucher à la tête ou à la poitrine avec la pointe de la baïonnette dès que celle-ci est ramenée à hauteur de l'adversaire.

Parade. — A) Conserver le corps à corps en suivant l'adversaire dans le bond qu'il exécute.

B) Exécuter un bond en arrière en abattant l'arme, la pointe dans la direction de l'adversaire.

Fig. 20. — Attaque et parade du coup de crosse à la poitrine.

Attaque. — Porter le haut du corps en arrière en élevant vivement l'arme, la crosse en avant, et frapper l'adversaire à la partie supérieure du corps (fig. 19).

Parade. — A) Parer en faisant une opposition de l'arme à droite avec les deux mains et en effaçant le corps à gauche.

B) Rompre vivement en arrière dès que l'adversaire

élève la crosse, reprendre la garde et toucher avant que la pointe de la baïonnette adverse soit remise en ligne.

Attaque. — Porter vivement le pied droit en arrière et frapper l'adversaire avec la crosse à hauteur de la ceinture.

Fig. 21. — Coup de crosse à la tête (attaque).

Parade. — A) Parer en abaissant vivement l'arme de haut en bas avec les deux mains, rompre, reprendre la garde, et toucher l'adversaire avant que la pointe de la baïonnette adverse soit remise en ligne (fig. 20).

B) Rompre vivement en abattant l'arme sur la tête de l'adversaire pendant qu'il quitte le contact et élève la crosse pour frapper à la poitrine.

Attaque. — Frapper vivement l'adversaire du pied ou du genou au-dessous de la ceinture pour le mettre en état d'infériorité; le repousser en rompant et retomber en garde.

Parade. — Parer avec la crosse; abattre son arme dans la direction de l'adversaire et reprendre la garde.

Attaque. — Pivoter sur le pied gauche et porter le pied droit en avant en lui faisant décrire un mouvement de rotation. Élever l'arme horizontalement avec les deux mains et frapper l'adversaire à la tête ou à la nuque avec la crosse (fig. 21).

Fig. 22. — Parade du coup de crosse à la tête.

Parade. — Porter le pied droit en avant en pivotant sur le pied gauche; suivre l'adversaire dans son mouvement de rotation sans quitter le corps à corps et parer l'attaque à la tête avec le haut du fusil (fig. 22).

Actions offensives

Pas de convention à observer

Au combat, les coups atteignant les bras ou les jambes peuvent arrêter l'adversaire dans son élan ou dans son développement; le soldat doit donc chercher à atteindre la partie la plus rapprochée de son adversaire.

Mais la recherche du résultat immédiat, c'est-à-dire la chute de l'adversaire provoquée par une attaque au corps, doit être préférée et recherchée.

A l'instruction, pendant l'assaut, il y aura lieu de tenir compte de la valeur du coup selon le point touché.

Le double jeu de l'escrime à la baïonnette est analogue à celui de l'épée: il n'y a pas lieu d'établir de conventions.

Attaque simple

Il y a lieu d'adopter le *coup droit* et le *dégagement*.

Le coupé ne doit pas être préconisé en raison des risques que court le tireur lorsqu'il lève sa pointe pour la passer par-dessus la pointe adverse; dans ce mouvement, il se découvre et l'adversaire a toute facilité pour tirer au corps.

Le coup droit est exécuté dans la ligne laissée ouverte. Le dégagement permet de passer d'une ligne dans l'autre par le chemin le plus court.

Pour le dégagement, la tension des bras ne doit commencer qu'au moment précis où la pointe passe au-dessous de l'arme adverse.

Attaque composée

L'attaque composée d'une seule feinte est la seule que nous admettrons. Ce serait compliquer la besogne que d'exercer les hommes au mécanisme de deux feintes qui ne semblent pas d'une exécution possible au combat.

Le doublement, c'est-à-dire une feinte de dégagement pour tromper un contre, est exécutable.

Préparation d'attaque — Attaques au fer

Le battement et la pression sont à préconiser.

Ces deux attaques sont exécutées le plus souvent avec

Position de face.   Position de profil.

Fig. 23.

vigueur; elles faciliteront le coup droit et le dégagement et permettront de gagner la mesure. (Il n'y a pas lieu de parler du froissement, spécial au fleuret.)

Prises de fer

Les prises de fer par opposition et par liement sont à recommander.

Elles s'exécuteront de préférence sur les bras tendus de l'adversaire.

Exemple. — Prise de fer sur une attaque dans la ligne basse.

Élever la crosse avec la main droite en la faisant pivoter entre le pouce et l'index de la main gauche, placer l'arme vis-à-vis le milieu du corps, la crosse à hauteur de la tête et dépassant l'avant-bras droit; la pointe de la baïonnette dirigée obliquement vers le sol (fig. 23). Chasser avec force

Fig. 24. — **A** attaque à la jambe; **B** pare sixte basse et oppose prime.

l'arme de l'adversaire en la relevant et lui imprimant un mouvement de rotation de droite à gauche (fig. 24). Cesser la prise de fer et tirer dans la ligne basse ou dans la ligne haute selon le résultat obtenu (fig. 25).

Remarques. — Cette parade, qui paraît, à la lecture, d'une exécution difficile, ne l'est pas en réalité et devient très familière en peu de temps; elle permet les prises de fer les plus énergiques et ne fait courir à celui qui l'exécute aucun danger d'être touché. Les deux fusils étant croisés perpendiculairement, cette parade (que nous appellerons « prime ») est exécutée sur les bras tendus de l'adversaire qui, par suite, ne peut réagir contre le mouvement de rotation dans lequel son arme est entraînée.

Cette parade trouve son emploi lorsque l'adversaire,

Fig. 25. — **B** continue son opposition, fait décrire à l'arme de **A** un mouvement de rotation de bas en haut et pointe.

étant dominé par le terrain, attaque la partie inférieure du corps.

Coulé

Le coulé est exécuté surtout lorsque l'adversaire tient sa pointe élevée. Cette préparation d'attaque sera suivie du coup droit, du dégagement et toujours d'une opposition pour écarter l'arme adverse.

Fausse attaque

Les conditions de l'assaut ne permettent pas de feinter longtemps pour découvrir les intentions de l'adversaire. Néanmoins, une seconde suffit pour exécuter une fausse attaque qui peut déterminer chez l'adversaire un commencement d'exécution et l'entraîner à dévoiler son projet.

Contre-attaques

La contre-attaque est le mode d'action qui réalise pendant l'assaut le plus de chances de succès. Que le combat ait lieu au fleuret, à l'épée, à la baïonnette, le tireur avisé qui touche est le plus souvent celui qui tend un piège et provoque une attaque.

Nous n'adopterons pas, pour le double jeu de l'escrime à la baïonnette, les termes qui ont un sens bien caractérisé au fleuret : coup de temps, coup d'arrêt, tension; nous conserverons simplement le nom de « coup d'arrêt » à toute action ayant pour but d'arrêter l'adversaire dans son attaque.

Actions défensives

Parades

Comme dans le langage du fleuret, nous appellerons « parade directe » celle qui écarte le fer dans la ligne où il se présente et « parade circulaire ou contre » celle qui va le chercher dans la ligne où il se présente pour le ramener dans la ligne opposée.

Le règlement sur l'escrime distingue deux parades, celle d'opposition et celle du tac.

La deuxième, celle du tac, spéciale au fleuret, outil léger de démonstration, ne saurait convenir au fusil.

Nous ferons remarquer également que la parade circulaire comme la parade directe devront procéder toutes deux par opposition.

On conçoit facilement qu'un battement sec ne peut suffire pour écarter un fusil tenu à deux mains.

Le mouvement d'opposition qui accompagne le fusil adverse pour le détourner, le maintenir, gagner la mesure, est seul à préconiser.

Les parades, quarte, sixte, quarte haute, quarte basse, sixte haute, sixte basse, qui ont été exposées plus haut, s'exécutent dans les positions indiquées.

Ripostes

Au combat, la riposte sera presque toujours directe et exécutée avec ou sans développement dans la ligne où la parade a été faite.

Méthode d'enseignement

Choix du terrain et conditions du travail

L'utilisation d'un matériel léger (fusil, masques, cibles plastrons) permettra le travail à l'extérieur comme à l'intérieur du quartier.

Les soldats seront appelés à utiliser les terrains d'inclinaison variée, parsemés d'obstacles, de murs, de tranchées. C'est ainsi qu'ils trouveront l'occasion de varier leurs actions offensives et défensives. Au combat, les adversaires ne seront pas toujours placés sur un terrain horizontal. Lorsque la température l'exigera, l'instruction individuelle sera donnée à l'abri, dans les locaux vastes et couverts dont on pourra disposer.

Assaut

On autorisera, dans certains cas, les hommes à faire usage d'espadrilles, pendant l'assaut, particulièrement dans les salles dallées, de manière à faciliter le travail, à éviter les chutes et à développer le goût de cet exercice en l'assimilant à un véritable sport.

L'assaut sera pratiqué en augmentant progressivement les difficultés du terrain et le chargement du sac. Les plus habiles à l'escrime seront exercés dans chaque compagnie à concourir devant leurs camarades.

Une poule à la baïonnette rassemblera les meilleurs escrimeurs du bataillon ou du régiment.

L'assaut devra toujours être surveillé et dirigé. Une seule touche devra décider du succès. Le combat ne devra pas dépasser trente à quarante secondes.

Les attaques, les parades devront se succéder sans précipitation, le double jeu devant être fait de réflexion et non d'impétuosité.

Instructeurs

Les officiers, les sous-officiers rengagés, les prévôts sont des instructeurs tout désignés; tous possèdent des connaissances suffisantes pour diriger et enseigner l'escrime à la baïonnette.

Au besoin, le maître d'armes sera consulté, et son avis en la matière sera précieux; il pourra former quelques sous-officiers par compagnie (1).

Exemple de la leçon à donner

Progression

Les recrues sont d'abord exercées individuellement à exécuter les mouvements des bras et des jambes et à prendre les positions d'escrime en suivant les indications et les progressions indiquées précédemment.

Le soldat est admis à prendre la leçon avec le gradé, lorsqu'il a acquis la notion de la distance (voir progression plus haut).

1° L'instructeur placé face à l'élève fait une absence de fer, découvre son corps, indique le coup à exécuter; l'élève exécute et touche.

---

(1) Souhaitons en passant que le personnel fortement menacé des salles d'escrime militaires soit intégralement maintenu : condition indispensable pour la sauvegarde des « belles armes » en général, et du fleuret en particulier.

Le *Militär Wochenblatt* réclame le passage par l'école de gymnastique et d'escrime de la presque totalité des officiers. Ce cours durerait six à huit semaines et serait donné dans les chefs-lieux de corps d'armée. La perspective d'un passage obligatoire par un cours de gymnastique et d'escrime obligerait les lieutenants et les capitaines à s'entretenir physiquement.

2° L'élève exécute plusieurs fois le même exercice avec correction et en augmentant la vitesse.

3° Le maître pare (sans riposter).

Il explique le choix de sa parade et pourquoi il a paré à la finale.

4° Répétition du même exercice; attaque et parade, d'abord à une vitesse modérée, puis en augmentant la vitesse. Exiger toujours la correction et particulièrement l'allongement préalable du bras droit avant la fente;

5° Même exercice, attaque, riposte et faire rompre la mesure;

6° Même exercice, l'élève attaque à son tour et le maître riposte (même genre d'attaque et de riposte);

7° La même méthode est ensuite appliquée pour un autre genre d'attaque (le gradé passera par exemple du coup droit au dégagement);

8° L'instructeur fait une absence de fer; l'élève indique lui-même le coup à exécuter. Même méthode que précédemment;

9° Même exercice continué par une riposte que l'élève indiquera lui-même au gradé;

10° Le maître ordonne une absence de fer et attaque. Parade et riposte justifiées de l'élève. Rompre la mesure;

11° Attaquer, parer, riposter; le maître gagne la mesure, l'élève rompt.

12° Attaquer, parer, riposter; l'élève gagne la mesure, le maître rompt.

L'instructeur variera les exercices en graduant les difficultés et dressera l'élève à faire preuve de réflexion.

Le but à poursuivre est de développer chez le soldat la précision, la vitesse, le jugement, l'à-propos.

Dès que les mouvements des bras et des jambes et les positions sont connus du soldat, il convient de développer chez lui, par la leçon d'assaut, l'habitude de la riposte.

Simulacre d'assaut à distance

En dehors de la leçon donnée par le maître, l'instruction tirera quelque bénéfice du procédé suivant :

Opposer deux soldats, baïonnette au canon, en leur prescrivant de maintenir une distance d'une dizaine de pas.

Un des deux exécute une attaque en gagnant la mesure, puis en la rompant; le deuxième pare, rompt la mesure, puis la gagne. Ils exécutent, en un mot, à distance, les mouvements correspondants à l'attaque et à la défense.

Exemple : A) Attaque : double pas en avant, battez, tirez droit.

B) Parade : double pas en arrière, quarte ou sixte et riposte en tirant dessus ou dessous.

Cet exercice est une préparation à l'assaut et peut développer dans une certaine mesure l'à-propos et la décision.

Exécution du dernier bond avant l'assaut

Apprendre au soldat à prendre la garde après avoir marché à vive allure, l'arme devant être abattue à 3 mètres environ de l'adversaire.

Lui recommander de conserver l'arme prête à faire feu dans le but de se débarrasser, sans épauler, d'un adversaire dont il ne peut venir à bout à l'arme blanche.

La même précaution servira dans le cas où deux adversaires attaquent simultanément; si le terrain le permet, il conviendra dans ce cas, pour le fantassin isolé, d'exécuter un rapide déplacement de manière à placer un de ses adversaires en écran par rapport à l'autre. Des situations de ce genre pourront être étudiées pratiquement et le soldat y prendra toujours grand intérêt.

Les petits exercices de combat, menés jusqu'à l'assaut, trahissent souvent un défaut d'instruction auquel il conviendrait de remédier. Après le cri : « En avant, à la baïonnette » certains gradés ou hommes plus vigoureux et plus lestes que leurs camarades distancent rapidement ces derniers.

Sans exiger la cohésion, il faut éviter une dispersion exagérée; l'allure des gradés placés en première ligne doit être celle que les hommes ne doivent pas dépasser. Ne pas agir ainsi, expose une ligne diluée de tirailleurs à être décimée avant qu'elle ait pris le contact d'une ligne adverse plus dense et bien postée pour abattre les premiers assaillants à coups de fusil ou à coups de baïonnette.

Démonstrations pratiques concernant diverses actions offensives et défensives

Faire constater au soldat que les attaques et les parades simples, les prises de fer par opposition seront d'un fréquent usage.

Démontrer que la facilité d'atteindre l'adversaire est plus grande dans la ligne de sixte que dans celle de quarte. Les parades de quarte et contre de quarte seront préférables à celles de sixte et contre de sixte.

Par suite, les préparations d'attaque devront être exécutées, lorsque ce sera possible, de manière à toucher dans la ligne de sixte, ligne dans laquelle l'adversaire présente une surface plus rapprochée et pare avec moins de facilité.

Il sera souvent avantageux de faciliter la parade circulaire en rompant en même temps la mesure pour se porter de nouveau en avant et pointer.

Faire constater que les parades dans la ligne basse doivent être le plus souvent accompagnées de prises de fer en prime, particulièrement celle de sixte basse.

Démontrer que la parade de quarte basse est plus facile à exécuter que celle de sixte basse.

Fantassin opposé au cavalier

Opposer : Un cavalier monté et un fantassin ;

Un cavalier à pied armé d'une carabine-baïonnette et un fantassin ;

Un cavalier à pied armé d'un sabre et un fantassin.

1° Les parades que le fantassin pourra utiliser contre le cavalier monté sont les suivantes : quarte haute, sixte haute, En tête parez. Pointez.

Une seule opposition, quarte haute ou sixte haute, n'empêchera pas toujours un bon sabreur d'atteindre un fantassin ; le cavalier exécutera souvent une feinte dans le but de faire ouvrir la ligne opposée dans laquelle il achèvera son attaque. Démontrer pratiquement cette attaque au fantassin.

Le cavalier manœuvrera sa monture de manière à trouver le fantassin à sa main droite ; ainsi il évitera que les naseaux soient atteints par la pointe de la baïonnette.

L'atteinte aux naseaux provoque la chute par renversement en arrière du cavalier et du cheval.

Le fantassin qui pointe au poitrail s'exposera, après avoir enferré le cheval, à être renversé et à recevoir un coup de sabre.

Remarquons en passant la nécessité pour le cavalier de posséder une solidité parfaite et le facile maniement de sa monture ; toutes choses qui ne s'acquièrent pas en quelques semaines.

Lorsque le cavalier sera très rapproché du fantassin, celui-ci ne pourra plus, dans certains cas, se servir de sa pointe ; il conviendra alors que le fantassin exécute la parade de tête modifiée comme nous l'avons dit.

Elle consistera à placer le fusil dans une position horizontale, à une hauteur variable, et à le maintenir perpendiculairement au coup de sabre.

La riposte qui devra suivre la parade de tête sera le :
« Pointez ».

Il sera souvent indispensable, pour la bonne exécution du
« pointez », d'exécuter un déplacement rapide de l'un ou
l'autre pied. Le déplacement du fantassin sera de rigueur
dans presque tous les cas où il aura affaire au cavalier, en
raison de la mobilité extrême de la monture surexcitée par
la fusillade.

Le fantassin recevra le cheval en pointant, comme nous
l'avons dit, de préférence aux naseaux, mais en évitant
d'appuyer au corps la crosse de son fusil.

S'arc-bouter en dirigeant la pointe vers la monture exposera le fantassin à être renversé et à perdre le bénéfice de la
retraite ou du déplacement latéral.

2° Le cavalier faisant le combat à pied avec la carabine
à baïonnette est moins favorisé que le fantassin sous le rapport de la longueur de l'arme. En revanche, il est plus légèrement équipé, n'étant pas muni du havresac.

Dans le corps à corps, la carabine à baïonnette est plus
avantageuse que le fusil à baïonnette, la reprise de la garde
est plus rapide, et la menace de la pointe plus prompte;

3° Le fantassin utilisant son fusil à baïonnette contre un
sabreur à pied, conservera l'avantage en se conformant aux
indications suivantes.

Chercher la prise de fer en tenant la pointe de la baïonnette dans la direction de l'adversaire; gagner la mesure en
maîtrisant le sabre. Éviter de cette façon les coups de sabre
qui atteindraient facilement la main gauche.

Le sabreur à pied cherchera la prise de fer sur l'épée-
baïonnette par opposition en quarte pour arriver à « se loger »
et tentera de saisir le fusil de la main gauche.

Il tiendra toujours sa pointe dans la direction du fantassin en exécutant des oppositions. Il cherchera à arrêter
le fusil à hauteur de la croisière avec la garde du sabre.

Les actions offensives et défensives du cavalier doivent

être démontrées pratiquement au fantassin. On utilisera le fusil d'assaut, le masque d'escrime et le sabre de contrepointe.

Le cavalier montant un cheval calme utilisera le même matériel (masque et sabre d'étude). On lui opposera un cavalier à pied muni d'un masque et d'un fusil d'assaut.

QUATRIÈME PARTIE

SÉRIE D'EXERCICES

Nous avons acquis cette conviction que les attaques et les parades simples, les prises de fer par opposition seront, au combat, d'un fréquent usage. Il convient de s'y entraîner, mais afin d'y exceller, et de fortifier le soldat dans le mécanisme du jeu, il conviendra de perfectionner son instruction en lui faisant exécuter une série d'exercices convenablement choisis. On devra se borner aux attaques composées d'une feinte.

La plupart des exercices ci-dessous ont été choisis dans les séries des exercices du fleuret; nous nous sommes rendu compte, par la pratique, que tous les exemples ci-dessous sont exécutables dans le double jeu de l'escrime à la baïonnette.

1re SÉRIE

Attaques simples

EN DÉCOMPOSANT	SANS DÉCOMPOSER
Coup droit	
Pointez, fendez-vous.	Tirez droit.
Dégagement	
Dégagez, pointez, fendez-vous.	Dégagez.

Parades des attaques ci-dessus

EN DÉCOMPOSANT | SANS DÉCOMPOSER

Parade du coup droit

Je pointe, opposez sixte. (Contre de quarte). Rispostez.	Sixte. (Contre de quarte).

Parade du dégagement

Je dégage, opposez quarte. (Contre de sixte). Ripostez.	Quarte. (Contre de sixte).

2e SÉRIE

Attaques composées d'une feinte

FEINTE DU COUP DROIT ET DU DÉGAGEMENT
PARADES DE CES ATTAQUES ET RIPOSTES SIMPLES

ATTAQUES		PARADES ET RIPOSTES
en décomposant	sans décomposer	
Feinte du coup droit. Je pare sixte. Trompez. Pointez (se fendre selon la distance).	Feinte du coup droit. Dégagez.	Sixte, quarte (ou contre de sixte).
Feinte du coup droit. Je pare sixte. Trompez dessous. Pointez.	Feinte du coup droit. Dégagez dessous.	Sixte. Sixte basse.
Feinte du coup droit. Je pare contre de quarte. Trompez. Pointez.	Feinte du coup droit. Contre dégagez.	Contre de quarte. Sixte.
Feinte du coup droit. Je pare contre de quarte. Trompez dessous. Pointez.	Feinte du coup droit. Contre dégagez dessous.	Contre de quarte. Quarte basse.
Feinte de dégagement. Je pare quarte. Trompez. Pointez.	Une, deux.	Quarte, sixte. Contre de quarte.
Feinte de dégagement. Je pare quarte. Trompez dessous. Pointez.	Une, deux dessous.	Quarte, Quarte basse. Ripostez dessous.
Feinte de dégagement. Je pare contre de sixte. Trompez. Pointez.	Doublez.	Contre de sixte. Quarte.
Feinte de dégagement. Je pare contre de sixte. Trompez. Pointez.	Doublez dessous.	Contre de sixte. Sixte basse.

3e SÉRIE

Attaques au fer par battement ou pression

Répétition des exercices des séries 1 et 2, en faisant précéder de battez, pressez.

4e SÉRIE

Prises de fer par opposition et liement

Je pointe, opposez, pointez.

Je pointe dans la ligne basse; sixte basse; prime, liez, tirez dessous.

Même exercice; tirez dessus (fig. 24 et 25).

5e SÉRIE

Attaques sur la préparation adverse
Préparations diverses

MARCHE. ATTAQUE AU FER. PRISES DE FER

Faire exécuter les attaques des première et deuxième séries sur ces diverses préparations.

Exemple : 1º Sur ma marche : coup d'arrêt. Pointez, sans se fendre ou en se fendant;

2º Sur mon battement, ma pression. Dérobez en dégageant;

3º Sur mon changement d'engagement. Dérobez en dégageant;

4º Sur ma feinte. Battez ou pressez.

PARADES

1º Marchez, je fais le coup d'arrêt, sixte;

2º Battez ou pressez, je dérobe en dégageant, quarte, dégagez;

3º Changez l'engagement, je dérobe en dégageant, sixte droit;

4º Déployez le bras, je fais un battement et tire droit Sixte (contre de quarte).

6ᵉ SÉRIE

Contre-ripostes simples sur ripostes simples

Exemple :

1º Feinte du dégagement, je pare quarte et tire droit. Quarte (contre de sixte) droit;

2º Feinte du dégagement, je pare quarte et tire droit. Quarte tirez droit.

3º Dégagez, je pare quarte et riposte droit. Quarte (contre de sixte) droit.

7ᵉ SÉRIE

Contre-attaque. — Je marche; coup d'arrêt (en se fendant selon la distance).

Redoublement. — Dégagez. Je pare quarte (contre de sixte) en rompant; en garde et pointez en gagnant la mesure.

Reprise. — Dégagez. Je pare quarte (contre de sixte) et ne riposte pas. Battez; tirez.

Remise. — Dégagez. Je pare quarte (contre de sixte). Sur mon absence de fer: remisez.

Contre-temps. — Marchez. Sur mon coup d'arrêt. Battez. Tirez.

CONCLUSION

En terminant cette étude, nous croyons devoir faire ressortir la nécessité de modifier à bref délai l'enseignement de l'escrime à la baïonnette.

Résumons-nous rapidement.

Nous avons reconnu les défauts inhérents à l'instruction ; il sera facile d'y remédier.

Dans le mécanisme des mouvements, position de la garde, attaques, parades, actions offensives et défensives, tout est à modifier, à réglementer ou à créer.

En ce qui concerne le matériel, la nécessité d'adopter un outil de démonstration se prêtant aux nécessités du double jeu s'impose.

Il est de notre devoir de demander que chaque compagnie soit dotée de huit fusils d'assaut et de huit masques d'escrime. Les économies réalisées par les corps de troupe sur certaines masses pourront être consacrées à cette dépense. Le prix de revient dudit fusil ne dépassera pas 12 francs ; le prix du masque est de 2^f 50. La dépense totale s'élèvera à 116 francs, somme relativement insignifiante si l'on veut bien songer que la valeur de l'enseignement et la confiance du soldat à l'assaut sont à ce prix. Il est indispensable que le fantassin et le cavalier soient pourvus sans retard d'un outil de démonstration, d'un jouet qui leur révèlera les ressources de l'arme terrible dont ils se serviront à l'assaut.

Quant à la méthode d'instruction à préconiser, celle que nous donnons n'est qu'un exemple.

Seules, l'étude raisonnée de l'assaut et la pratique du double jeu pourront affermir les convictions de ceux chez lesquels des doutes s'élèvent encore sur l'orientation à donner à cet enseignement.

Tous les procédés d'instruction sont d'ailleurs acceptables lorsqu'ils ont pour but le perfectionnement de l'instruction individuelle en vue du combat offensif.

Inspirer à nos cadres et à nos soldats le sentiment de l'offensive, leur en faire ressortir la nécessité absolue, telle est en effet la tâche prédominante que nous devons poursuivre; tel est aussi le but lointain qui, dans cette étude, a guidé notre marche.

Augmenter l'habileté professionnelle en perfectionnant le matériel et la méthode d'enseignement, c'est fortifier le sentiment de l'offensive chez l'homme, c'est décupler ses forces morales en le rendant plus hardi et plus confiant.

En travaillant dans ce sens, nous sommes certains de ne pas faire fausse route. Lorsqu'il s'agit d'envisager les réalités du champ de bataille, et l'allure des combats de l'avenir, les conceptions les plus diverses prennent naissance. Les méthodes de tir et de marche sous le feu évoluent dix fois en vingt ans; des organes nouveaux de renseignement, télégraphie sans fil, aviation, apportent de nouveaux considérants; le doute plane. A quelle théorie donner la préférence? Nous le saurons peut-être un jour.

Cependant, une opinion basée sur l'expérience et le bon sens rallie tous les suffrages; de cet océan de probabilités, une vérité s'élève pour dominer, éternellement le champ de bataille; c'est la nécessité de l'offensive, c'est-à-dire la volonté de vaincre, d'avancer coûte que coûte et de chasser à la baïonnette l'ennemi de ses positions.

Le fantassin se chargera de ce soin; mais, au moins, dressons-le à cette inévitable besogne.

Nous plaçons en lui tout notre espoir pour le résultat décisif du combat; nous lui demandons de faire preuve, à l'assaut, des plus brillantes qualités et de venir à bout, sans avoir subi un entraînement spécial, d'un adversaire toujours redoutable. Pour rendre réalisables de pareilles prévisions, il ne suffit pas que le soldat soit entraîné à la marche et qu'il ait brûlé un nombre déterminé de cartouches, il faut surtout réveiller en lui le sentiment de combativité qui sommeille.

Les exercices de service en campagne, le spectacle des grandes manœuvres ne suffiront pas toujours à cette tâche; car si les officiers tirent quelque bénéfice de l'observation des grandes et petites opérations du temps de paix, le soldat, modeste figurant dans la bataille, n'en recueille souvent que des idées erronées. On l'a parfois immobilisé de longues heures devant un ennemi dont il reconnaît la faiblesse; ses vues sont restées limitées à une petite partie du terrain. Ses chefs ont cependant voulu l'éclairer sur la marche des opérations, mais les explications les plus plausibles n'ont pas satisfait son gros bon sens et l'ont laissé rêveur. Il faudra donc trouver en dehors du terrain de manœuvre le moyen de donner une détente à cet instinct du combat qui le plus souvent ne demande qu'à prendre son essor.

Dans ce but, nous ferons pratiquer à nos cadres et à nos hommes tous les exercices dans lesquels l'émulation entre en jeu : l'escrime à la baïonnette, le foot-ball, la lutte, la boxe, la course, les exercices de gymnastique aux agrès.

Nous trouverons, si nous le voulons bien, du temps pour tout.

Le but que nous devons nous fixer dans le choix des exercices est de rendre leur pratique intéressante et les progrès tangibles.

Comme l'officier et le sous-officier dans la fréquentation de la salle d'armes, le soldat trouvera, dans l'étude de l'escrime à la baïonnette, l'occasion d'exercer ses qualités de décision, de coup d'œil et de sang-froid et de développer son sens tactique.

Soldats et gradés retireront de la pratique assidue des

armes, une satisfaction particulière et un enseignement que nos manœuvres, pâles ébauches de la réalité, leur procureront rarement.

Alors notre tâche sera terminée, et nous envisagerons avec moins d'appréhension pour notre élève le moment critique de l'assaut.

Dressé à faire preuve d'initiative au combat lorsque ses chefs, impuissants à se faire entendre, ne peuvent plus que prêcher d'exemple, le soldat français, animé d'une force morale qu'il tirera de sa propre valeur, confiant dans son habileté professionnelle, attendra avec impatience le moment de jouer sa dernière carte à l'abordage.

TABLE DES MATIÈRES

PREMIÈRE PARTIE

MÉTHODE D'ENSEIGNEMENT ET MATÉRIEL

A PRÉCONISER

DEUXIÈME PARTIE

MATÉRIEL D'ENSEIGNEMENT

TROISIÈME PARTIE

MÉTHODE D'INSTRUCTION PRATIQUE

QUATRIÈME PARTIE

SÉRIE D'EXERCICES

Nancy, impr. Berger-Levrault et Cie

BERGER-LEVRAULT ET Cie, ÉDITEURS

PARIS, 5-7, RUE DES BEAUX-ARTS — RUE DES GLACIS, 18, NANCY

L'Éducation physique. *Son influence sur la santé du soldat. La Gymnastique éducative. Principes physiologiques. Fatigue et infection. Surveillance de l'entraînement*, par le Dr Charles Daussat. 1910. Un volume in-8, br. **2 fr. 50**

Manuel populaire de Gymnastique rationnelle, à l'usage des enfants, adolescents, jeunes filles et femmes, adultes, par le lieutenant Gelly, du 65e régiment d'infanterie. 1910. Un vol. in-8 de 117 pages, avec 61 figures, br. **1 fr. 25**

La Force physique. *Culture rationnelle. Méthode Attila. Méthode Sandow. Méthode Desbonnet.* La santé par les exercices musculaires mis à la portée de tous, par Desbonnet, professeur, fondateur des écoles de culture physique de Lille, Roubaix, Paris. 6e édition. 1909. Un volume in-8, avec 89 figures, broché. **5 fr.**

Les Rois de la Lutte. Anecdotes et récits sur la lutte, depuis les temps les plus reculés jusqu'à nos jours, par le même. 1910. Un volume in-8, avec 149 photographies et dessins, broché. . . . . **4 fr.**

L'Art de créer le Pur-Sang humain, par Georges Rouhet, docteur, et Desbonnet, professeur. Préfaces de G. Strehly et d'Albert Surier. 1908. Un volume in-8 de 473 pages, avec 182 photogravures et gravures. **10 fr.**

Comment on devient Champion de la Force, d'après les documents de Pierre Bonnes, champion du monde de force (1903-1905), vainqueur du challenge Dubonnet, par Georges Dubois, professeur. Préface du professeur Desbonnet, directeur des écoles de culture physique de Paris. 1909. Un vol. in-8 de 132 pages, avec 49 figures, broché . . . . **3 fr. 50**

L'Art de devenir fort et bien portant. Manuel pratique de culture physique avec Notions d'anatomie et de physiologie, par le professeur Aug. Clause, directeur de l'école de culture physique de Lyon. 1910. Un volume in-8, avec 25 photographies et gravures, broché . . . . **5 fr.**

Traité complet de Jiu-Jitsu. Méthode Kano. *Jiu-Jitsu officiel du gouvernement japonais. Coups dangereux ou mortels. Kuatsu ou science du rappel à la vie,* par Irving Hancock et Katsukuma Higashi. Traduit par le commandant L. Ferrus et le capitaine J. Pesseaud. 1908. Un volume in-8, avec 505 photographies d'après nature, broché, couverture illustrée. . . . . . . **12 fr. 50**

Jiu-Jitsu. *Méthode d'entraînement et de combat qui a fait des Japonais les adversaires les plus redoutables du monde,* par Irving Hancock. Traduit par le chef d'escadron d'artillerie L. Ferrus, ancien élève de l'École des langues orientales, et le capitaine d'artillerie J. Pesseaud. 1905. Un volume in-12, avec 19 planches photographiques d'après nature, broché . . . . **3 fr. 50**

Coups de combat de Jiu-Jitsu. *Procédés japonais d'attaque et de défense pour le combat individuel,* par les mêmes auteur et traducteurs. 1909. Un volume in-12, avec 32 planches photographiques d'après nature, broché . **3 fr. 50**

Le Mouvement et les Exercices physiques. *Leçons pratiques sur les systèmes osseux et musculaire,* par le Dr L.-E. Dupuy, médecin de l'hôpital de Saint-Denis. Introduction par le Dr Dastre, professeur de physiologie à la Faculté des sciences de Paris. 1893. Un vol. in-8 de 358 pages, avec 139 fig., br. **5 fr.**

Comment on devient beau et fort. *Traité pratique élémentaire de culture physique,* par Albert Surier. 10e édition. Un volume in-8, avec 50 figures, broché. . . . . **2 fr.**

La Force pour tous. *Santé. Force. Beauté. Traité pratique de culture physique rationnelle,* par le même. 3e édition. Un vol. gr. in-8, avec de nombreuses figures, broché . . . . **3 fr. 50**

Règlement d'Éducation physique, approuvé par le Ministre de la guerre, le 21 janvier 1910. Un vol. in-8 étroit, avec de nombreuses figures, cart. **60 c.** Relié en percaline . . . . **80 c.**

Règlement d'Escrime (*Fleuret — Épée — Sabre*), approuvé par le Ministre de la guerre le 6 mars 1908. Un volume in-8 étroit de 104 pages, avec 62 figures, cartonné . . . . . . **60 c. —** Relié en percaline . . . . **85 c.**